JN085074

人材を活かす

等級制度の基本書

三菱UFJリサーチ&コンサルティング株式会社
三城圭太【著】

労務行政

等級制度の解説にあたって

1. はじめに

　数ある人事関連書籍の中で本書に関心を示していただき、ありがとうございます。『等級制度の基本書』と題する本書について、どのような環境に置かれた方が、どのような動機で手に取っていただいているのでしょうか。

・経営層から人材マネジメントの変革を期待されている方
・自社内で人事制度の見直しを提案してみたいと思っている方
・初めて人事部に配属になり、人事制度の基本を学習したい方
・人事実務知識のアップデートをしようと考えている方
・普段から人事関連の書籍・雑誌を多読されている方

　例えば上記のような想像ができますが、多くの方に共通するのは、企業や法人等の人事企画に携わる立場なのだろうと推察します。

　本書のテーマ「等級制度」は、あくまで従業員人事制度のうちの一要素に過ぎません。組織設計・採用・人材育成・人事評価・給与・労務管理・福利厚生など、企業の人事部門が取り扱う業務全体の中で、とても狭い領域の話です。

　その一方で、等級制度は企業等の雇用システムの根幹であり、人材マネジメントのさまざまな機能と有機的につながります。また、等級制度は「企業が何を大切にして組織をつくろうとしているか」を象徴する仕組みでもあります。そのため、等級制度とその運用を深く知ることで、その企業の人材マネジメントの様相を知ることができます。別の表現をすれば、等級制度は「自社の組織や人材マネジメントを変える」上で重要な仕組みの一つであり、企業の人事企画に携わる方は、「基本の"基"」として概論を学習しておいたほうがよい内容であるといえます。

筆者はこの本を人事企画担当者の入門書・専門書・実務書として位置づけたいと思います。具体的には以下のとおりです。

---

①人事制度について深く知りたいと思っている方が「手引き」として活用できる入門書

②昨今の日本企業の経営環境における等級制度の論点を網羅する専門書

③人事部門の視点で等級制度の設計・運用の手順やノウハウがまとまっている実務書

本書の前身の書籍として2010年に同じく労務行政から出版されている『等級制度の教科書』（三菱UFJリサーチ＆コンサルティング　堀田達也 著）がありますが、人事制度の専門書において等級制度のみを題材にした書籍というのは珍しいといえます。本書は人事評価制度や報酬制度の論点を詳述せずに人事制度を論じているため、どうしても解説のフィールドが限定される部分もありますが、その分、等級制度とその設計方法に関しては解像度の高いガイドブックに仕上がっているのではないかと思います。

　新型コロナウイルスの流行、労働分野における社会的要請（SDGs、人的資本の情報開示等）、そして人材獲得競争のさらなる激化の影響で、2020年代の企業の人材マネジメントは大きな転換期にあると言えます。上記のとおり、テーマを特化した本書ですが、想定する読み手である人事担当者が制度企画業務を推進する際に「不安を解消できるように」あるいは「背中を後押しできるように」という気持ちで執筆しました。本書が人事制度を見直す議論のきっかけとなり、そのようなときにヒントとなるものとなれば幸いです。

2. 本書の構成

　この書籍は全7章の構成になっています。等級制度の知識・ノウハウ

について、入門書・専門書・実務書の観点で読者の方が理解しやすい流れとしています。具体的には、第1章・第2章が知識編、第3章から第6章が設計編、第7章が全体のまとめとなっています。

　第1章・第2章では等級制度の基礎知識をまとめます。第1章は「等級制度とは何か」と題し、企業の人材マネジメントにおける等級制度の位置づけや機能的役割について解説します。第2章は「等級制度にはどのような種類があるか」と題し、職能資格制度・役割等級制度・職務等級制度の違い、それぞれの類型における報酬制度や人事評価制度等との結び付きについて説明します。

　第3章以降は、実際に企業内で人事制度を見直す場合の参考になるように、第2章までの内容をさらに実務的な視点で深掘りします。第3章は「自社にはどのような制度が適しているか」と題し、自社で制度改定をする際の主要論点や留意点、課題の抽出方法について説明します。第4章は「どのように制度設計を進めるか」と題し、等級体系・等級定義の策定方法などについて詳説します。また、第5章は「どのように等級制度を運用するか」と題し、昇格やコース転換などの運用ルールの策定方法と留意点について述べます。第6章は「等級制度改定にはどのようなケースがあるか」と題し、エリア総合職の新設や職務等級制度の導入など、昨今の人事制度改定で関心が高いモデルパターンをケーススタディーとして示します。

　最後に、第7章は「これからの人事制度に求められる観点とは」と題し、近い将来に起こり得る人材マネジメントの課題に即した人事制度の在り方を検討した上で、本書の主張を総括します。

3. 本書内で活用する人事用語

　人事に関する用語は、同じ概念を企業によりさまざまな表現で説明するものや、同じ表現なのに企業により異なる概念を指すものがしばしばあります。本編でも折に触れて説明しますが、[図表1]に本書内での人

事用語の表現のうち主要なものをまとめておきます。例えば、職位は「役職」、役割型人事制度は「役割等級制度」と表現します。自社の用法と異なる場合は適宜読み替えてご覧ください。

　[図表2]は本書の解説で用いる人事制度の構造図です。「人事制度」は「等級制度」「報酬制度」「人事評価制度」を総称する概念と位置づけます。企業によっては「人材育成制度」を人事制度に含む例も多いですが、本書では別の機能として定義します。また「昇格（降格）制度」を人事制度の構成要素として等級制度等と並列で位置づけている企業もありますが、本書では等級制度の内枠の運用ルールとして扱います。そのため「昇格（降格）ルール」という表現をしています。

　「人材マネジメント」は、人事制度を包括する採用・育成・配置なども含めた人材管理の営み全体のことを指します。「人事管理」「人事労務管理」という表現よりも、企業の戦略実現に向けた施策立案の視点や従業員のエンゲージメント向上の視点が語意のニュアンスとして含まれているため、本書ではこの表現を採用しています。

　なお、昨今、新聞や専門誌で頻繁に登場する「ジョブ型人事制度」は、本書では「ジョブ型」という表現は用いず、「職務等級制度」と記載しています。基幹人事制度としての職務等級の仕組みは、今に始まったことではないため、改めて「ジョブ型人事制度」と改称するのではなく、職務等級制度という用法を優先しています。一方で、人材マネジメント全体に対しては、ジョブ型雇用に資する採用・育成・配置・処遇などの諸施策を総称して「ジョブ型人材マネジメント」と表現することがあります。

　本書は等級制度というテーマの性質上、どうしても抽象的・観念的な説明が主体となります。そのため、本編（第1章以降）をお読みいただくに当たって、[図表1]の人事用語や[図表2]の人事制度の構造図を理解の一助として参照ください。

［図表 1］ 本書内で活用する人事用語

	本書内での用語	同義表現または類似する用語	用法補足
1	人材マネジメント	人事管理、人事労務管理、人事マネジメント	人事制度以外の採用・育成・配置等の施策を含む概念
2	人事制度	基幹人事制度	等級制度・報酬制度・人事評価制度の総称
3	等級制度	資格制度、グレード制度、職掌制度	
4	職能資格制度	職能制度、職能等級制度	
5	役割等級制度	役割型人事制度、役割等級人事制度	
6	職務等級制度	「ジョブ型」人事制度、職務等級人事制度	
7	役職	職位、ポスト	職務等級制度の解説は「ポジション」と表現
8	昇格（降格）ルール	昇格（降格）制度	
9	等級定義	資格定義、等級要件定義	
10	報酬制度	賃金制度	
11	人事評価制度	人事考課制度、評価制度	
12	役付手当	役職手当、職位手当	
13	管理職層	管理職	ライン管理職以外の管理職や専門職も含む
14	一般社員層	非管理職、一般社員	労働組合がある企業では「組合員」に該当
15	コース制度	職群制度、職掌制度	
16	一般職	事務職、実務職	
17	技能職	現業職、製造職	「技術職（製造系エンジニア）」とは異なる
18	エリア総合職	準総合職、限定総合職、地域限定社員	
19	職務評価	職務調査、職務分析	

［図表2］人事制度の構造

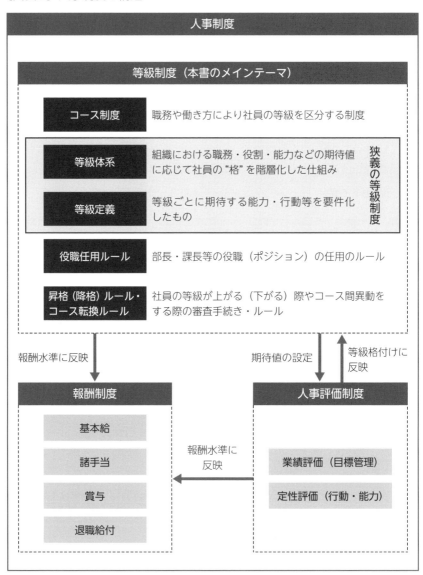

人事制度

等級制度（本書のメインテーマ）

コース制度 ── 職務や働き方により社員の等級を区分する制度

等級体系 ── 組織における職務・役割・能力などの期待値に応じて社員の"格"を階層化した仕組み

等級定義 ── 等級ごとに期待する能力・行動等を要件化したもの

狭義の等級制度

役職任用ルール ── 部長・課長等の役職（ポジション）の任用のルール

昇格（降格）ルール・コース転換ルール ── 社員の等級が上がる（下がる）際やコース間異動をする際の審査手続き・ルール

報酬水準に反映

期待値の設定

等級格付けに反映

報酬制度

基本給

諸手当

賞与

退職給付

報酬水準に反映

人事評価制度

業績評価（目標管理）

定性評価（行動・能力）

8

目 次

第2章 等級制度にはどのような種類があるか

第5章 どのように等級制度を運用するか　149

第 **1** 章

等級制度とは何か

1　企業経営における等級制度とは

　第1章は本書の解説の出発点として、等級制度の設計・運用の前提となる基礎知識をレビューしていきます。人事経験が長い読者の方は「ざっと確認をすればよい」程度の内容かもしれません。一方で、等級制度は各企業の人材マネジメントに自然に組み込まれている仕組みであり、「そもそも等級制度とは何か」について立ち止まって考えたことがない方も多いと思います。また、等級制度は人事評価制度や報酬制度に比べて抽象的でつかみどころがない性質もありますので、本章で丁寧に説明します。

　社内に総務部や人事部があるような規模の企業には、経営管理の仕組みとして従業員の「人事制度」があります。そのほとんどの場合において、人事制度の構成要素として「等級制度」が存在します。

　広い意味で「等級」とは、ある対象の段階や区分けのことを指します。企業内の仕組み以外では、焼き肉店で目にする牛肉の質のランクや、天体の明るさのことを思い浮かべるかもしれません。「等級」の仕組みがあるものは、一般にその対象に対して「格付け」がされます。牛肉であれば「A5ランク」、天体であれば「三等星」といった具合です。

　企業や法人組織等（以降は「企業」に代表させます）における「等級制度」は、その集団に在籍する社員・職員を格付けるためのものです。「資格制度」「職階制度」「ミッショングレード」「ジョブグレード」など、企業によってさまざまな呼称がありますが、すべて組織における社員のランクを整理するための仕組みです。そのランクは、例えば、職責や能力、経営への貢献度などによって決まります。次章で詳述しますが、ランクを決める上での判断基準は企業により違いがあります。

　また、そのランクに応じて経営から仕事の期待レベルが示され、処遇

の水準が変わります。平たく表現すると、等級制度の「ランクが高ければ報酬も高い」ということです。もちろん、高いランクに分類される人には、処遇に見合う責任が伴い、求められる仕事のレベルも高くなるという原則があります [図表1-1]（ただし「原則」であり、実態としてはそうなっていない場合もあります）。

　等級制度は人材マネジメントの根幹です。等級制度を変えても確実に組織が変わるとは限りませんが、企業が"大切にする人材"の見方とその枠組みを変えることで、「貢献と処遇の不一致」「働かない中高年層」「外部専門人材の確保」「多様な働き方の受容」等の企業課題に一石を投じることが可能です。

　また、等級制度で社員を階層化することは、企業組織のコミュニティ・デザインの視点からも有効といえます。管理職層／一般社員層、監督職層／実務職層というように人材をグループ化することにより、業務活動のマネジメントが円滑になります。また、人やポジションにランクを付与することによって、その社会集団における相対的な地位が規定されます。

[図表1-1] 等級制度の原則

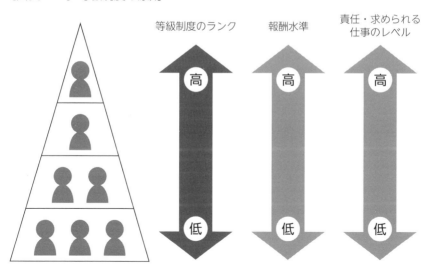

等級制度のランク　報酬水準　責任・求められる仕事のレベル

高　高　高

低　低　低

組織の目的を達成するために、たくさんの人がコミュニケーションをしながら物事を進める状況において、「ランクが高い＝重要な地位にある」と記号化することでリーダーシップの所在が明確になり、意思決定が効率的になります。

　また、改めて説明するまでもないかもしれませんが、等級制度の運用では、下から上のランクへ移行するのが原則的なキャリアルートになります。終身雇用が前提の企業であれば、社員は入社してから退職するまで等級制度の「はしご」を上っていきます。新卒採用者は最下位等級などからスタートし、その後、数年おきに企業の定めるルールにのっとり昇格することになります。そして、多くの場合、役員登用前の上級管理職が、従業員としての最上位等級に位置づけられます。経営の立場から見れば、組織内でのランクの向上を認めることにより長期にわたり社員を動機づける効果があります。

　ただし、昨今では、社員のキャリア観の多様化、実力主義の浸透、シニア社員（60歳前後の社員）の活用などの観点で、「上のランクを目指すだけが典型的なキャリアルートではない」という企業も多く、等級制度の設計・運用の考え方が複雑化しています。したがって、制度の設計・運用に当たって、企業経営における人材活用のポリシーを明確にする重要性が増しています。このあたりは本書でも折に触れて解説していきます。

2　等級制度の機能的役割

　前節では「企業経営における等級制度とは」ということについて、やや大局的な観点で説明しました。ここでは人事実務に視座を置き、人材マネジメントにおいて等級制度がどのような役割を果たすのかを解説します。

　繰り返しになりますが、等級制度は社員を格付ける仕組みであり、その格付けがあらゆる「ものさし」になります。具体的には、[図表1-2]に示した5点が挙げられます。

[1]期待値設定のものさし

　等級制度のランクが目安となり、社内での職責や、割り当てられる業務のレベルが変わるのは前述のとおりです。さらにはランク別の等級定義（詳細は後述します）においてミッションが明確化され、それが人事評価上の年度目標や定性評価の期待値を定める上での基準になります。例えば、多くの企業では、同じ事業部で同じ製品を売る営業職同士であっても、等級の違いによって数値目標の設定水準が異なります。

　また、等級制度がそれぞれのランクの業務領域を線引きする機能にもなります。例えば、「総合職から管理職等級に昇格する際に、労務管理・人材育成の役割が与えられる」場合などが当てはまります。

[2]報酬決定のものさし

　人事制度では、等級制度のランクによって基本給の水準が異なるのが

[図表1-2]　等級制度の機能的役割

1	期待値設定のものさし	ミッションや年度目標を決める目安になる
2	報酬決定のものさし	金銭報酬を決定するための基準になる
3	登用・配置のものさし	役職登用の基準または目安になる
4	キャリアのものさし	キャリア支援施策や教育計画の目安になる
5	働き方のものさし	転勤の有無、裁量の有無等の基準になる

通常です。企業として期待値や貢献度の高い人材に対して、より多くの分配を行うという観点で、等級制度が合理的な判断基準になります。完全に等級と報酬額が連動するケースと、緩やかに連動するケースがありますが、原則的には等級の高さに比例して給与レベルが高くなります［図表1-3］。

　また、賞与や退職金についても、等級制度のランクを軸に支給額を決定する仕組みを導入する企業が多く見られます。もちろん賞与は業績による影響、退職金は勤続年数などの影響を受けるため、必ずしも等級制度だけが報酬の決定要因ではありませんが、傾向としては等級の高さにより年収水準の多寡が決まり、会社に在籍する期間の等級の推移によって生涯年収が大きく変わることになります。

［3］登用・配置のものさし

　等級制度のランクが役職登用の絶対基準（あるいは相対的な目安）となる場合があります。「適材適所」という言葉がありますが、職能資格

［図表1-3］等級制度と報酬制度の関係

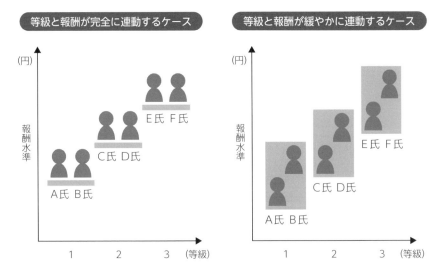

制度では適格な人材を登用可能なポジションに格付けします。例えば、「5等級であれば課長」「7等級であれば部長」といった形です。一方、職務等級制度であれば、「営業企画部長なのでジョブグレード10」「品質管理課長なのでジョブグレード8」というように、役職登用と格付けの因果関係が逆になります。言うなれば「適所適材」という考え方です（この点は、また第2章以降で詳述します）。

　また、役職への登用だけでなく、等級制度が要員計画やジョブローテーション運用の目安にもなります。ほかに、関係会社への出向や大型プロジェクトの責任者を選定する上でのジョブアサインの判断基準としても、等級制度を参考にするケースがあります。

[4]キャリアのものさし

　社会人のキャリアは、その人の職務経歴や仕事経験の積み重ねなどが影響して形成されていくものです。本来、キャリアはそれぞれの社員に固有の経験の集積であるため、職務経験年数などを除いて形式化しにくいものですが、企業内では等級制度のランクがキャリアの達成度の代替指標になります。

　また、多くの企業では人材育成体系として等級制度に紐づく階層別研修が整備されています。例えば、「5等級になれば新任管理職研修を受講」「7等級になれば次世代リーダー育成研修を受講」というように等級に応じたプログラムが組まれます。また、海外トレーニー制度や社費留学などのキャリア形成支援策の適用においても、等級制度を候補者の選考基準とする企業も多いようです。

[5]働き方のものさし

　後述する「コース別人事制度」において、在籍するコースにより転勤の有無を区別する運用がまだ多くあります。また、裁量労働制を導入している企業では、「4等級以上は適用、3等級未満は適用しない」といっ

た線引きをする企業も見られます。同じ仕事内容であっても、ある等級を境に、「業務に裁量がある立場」と「指示を受ける立場」に違いがある状況を前提に考えていることになります。

　以上のとおり、等級制度の機能的役割を5点に集約して説明しましたが、細かいことをいえば際限がなく、等級制度は事業活動における個人の役割や労働条件を決定する上でさまざまな判断基準になります。総括すると社員の待遇に差をつける目的が目立つかもしれませんが、「組織の人材を区分し、社員の等級に応じて合理的に人材マネジメントを機能させる」という発想が根底にあります。

3　人材マネジメントにおける等級制度の位置づけ

　前節の「等級制度の機能的役割」の解説を発展させて、人材マネジメント全体における等級制度の位置づけを説明します。[図表1-4]は企業の人材マネジメントの全体像をモデル化したものです。これを基に、
[1]企業理念・経営戦略と人事制度の関係
[2]人事制度における等級制度
[3]等級制度と各種人材マネジメント施策の関係
——のレイヤーに分けて解説します。なお、人材マネジメントの構造や定義は定まったものがなく、論者や説明状況によって異なるので、このモデルは本件の解説のための便宜的なものとご理解ください。

[1]企業理念・経営戦略と人事制度の関係
　人事制度は、ただ「社員の給与を合理的に支払えればよい」という理由で存在するわけではありません。組織マネジメントや目標達成の動機づけの観点から、企業の理念や価値観を反映させた仕組みであることが

[図表1-4] 人材マネジメントにおける等級制度の位置づけ（解釈の一例）

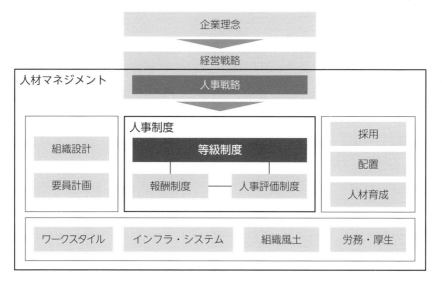

重要です。時代が進むにつれて、企業経営においてこのような考え方への関心が高まるようになり、各社の人事制度の在り方も変わってきました。したがって、経営ビジョンの浸透や効率的・有機的な人材活用のためには、経営戦略から切り離された仕組みとして人事制度が存在するのではなく、「経営戦略と人事制度のつながり」が重要になります。

　企業経営において「人事戦略」という言葉が多様な場面で活用されますが、これは「経営戦略のうち人材マネジメントの領域をつかさどる部分」と解釈できます。人事戦略は、事業目標の達成のために人材をどのように活用すべきか、というコンセプトを決定づけるものです。なお、人事戦略に対して人事制度は「従たる機能」と位置づけられます。人事戦略に沿って人事制度が変化するのであり、人事制度を起点に人事戦略が変化するということは原則ありません。人事制度は簡単に変更できるものではないですが、企業理念・経営戦略との連動を意識した改定をすることによって、理念に則して行動できる人材や経営課題の解決に貢献する人材を厚遇できるようになります。

[2] 人事制度における等級制度

　等級制度は人事制度の中心を担うため、人事制度の「根幹」といえます。等級制度が人事評価制度の期待値設定の目安となり、報酬制度の水準を決定する基準となるのは前述のとおりです。また、多くの場合において人事評価の結果を参照して等級の昇格（または降格）を決定しますので、等級制度と人事評価制度は相互に影響を受ける関係にあります。

　第2章で詳述する職能資格制度／役割等級制度／職務等級制度の選択によって、人事評価制度・報酬制度のパターンも大きく変わります。企業理念・経営戦略（人事戦略を含む）の影響を受けて、等級制度のコンセプトが固まり、そのコンセプトが人事評価制度・報酬制度の仕組みに展開されることになります。

[3] 等級制度と各種人材マネジメント施策の関係

　等級制度が「キャリアのものさし」になるというのは前述のとおりであり、採用・配置・人材育成などの施策とも相互に影響を及ぼします。例えば、社外からキャリア採用をする際は、通常、既存の等級のいずれかに格付けをしますが、採用時の賃金は外部労働市場の影響を受けますので、需給関係や人材獲得の必要性によって、スペシャリスト用のコースや等級を増設することもあります。

　また、等級制度は組織設計・要員計画とも関連します。例えば、職務等級制度は事業部門の組織設計を基に、配置ポジションに応じた等級格付けを決定する仕組みであり、組織設計と等級制度が密接に関わります。また、「働き方のものさし」の説明で述べたとおり、等級制度は勤務エリアや労働時間制度の適用にも影響します。コース制度での人材の区分によって、社内で複数パターンの就業管理ルールを設定することも可能です。

4 等級制度の前提となる組織の「人事観」

　本節では、等級制度を考える上で、その前提となる「人事観」について解説します。人事観とは、一般的な表現ではないかもしれませんが、本書では「その組織がどのような人材マネジメントや人事制度を志向しているか」という意味で使用しています。

　人事観は企業によりさまざまですが、代表的な類型として、①年功主義、②能力主義、③成果主義があります。これに筆者は、④組織貢献主義（表現は説明のための造語）を付け加えたいと思います。

[1]年功主義

　年功主義は、年齢や勤続年数に比例して処遇が高くなるという人事観で、高度経済成長期以降の日本型経営の特徴でもありました。全員が一定以上の価値創出を行う前提で、年齢や勤続年数が登用や処遇判断の代表指標となります。等級制度の運用でいえば、定期的に数年おきに昇格していきます。

　バブル経済崩壊以降の人材マネジメントの論説では、年功主義が経営の機能不全の原因に挙げられるケースが多いですが、組織や雇用システムがうまく回るのであれば、「年功序列＝悪い」ということではありません。むしろ人材活用の判断に恣意性が入らないので、「①業界全体が拡大基調で、②人材の流動性が低く、③外部環境の変化が少なく、④安定している事業構造」であれば機能しやすい考え方といえます。

　一方で、2020年代の日本において「①拡大基調で、②流動性が低く、③変化が少なく、④安定している」という業界や企業はめったにありません。また従前は、年上や先輩を敬う東アジアの儒教的な価値観の共同体において、年功主義がうまく調和していた面もあったと考えられます。しかしながら、今日では組織内の縦社会の意識も希薄化しており、外国

人等も含めた多様な人材を活用する上では、年齢を基準とした組織のマネジメントには限界があるでしょう。

[2]能力主義

　能力主義は、年齢ではなく能力がある者を厚遇するという人事観です。この考え方は現代に始まったものではなく、封建的な社会システムを打開した日本の戦国時代などは、まさに能力主義の体現だったといえます。日本企業の人事制度としては、職能資格制度が能力主義を象徴する仕組みとして登場し、年功主義の対立概念として1970年代以降に普及しています。個人別の評価をして処遇に反映するという面は後述する成果主義と同じです。

　一方で「能力が高い人を厚遇する」という考え方は、理念としては理解しやすくても、実践は難しい側面があります。実際の仕事で顕在化していない能力の多くは可視化・測定できない性質であるためです。情報処理能力の高さや職務領域の知識の深さなどは学歴・専攻や保有資格が代替指標になっても、仕事の成否に重要なソーシャルスキル（例：対人関係構築力、人の話を正確に聞く能力）の高さなどは主観的にしか把握できません。実際に、過去の日本企業では、定期昇給を前提とした給与システムも相まって、能力主義を標榜しつつ年功的な処遇運用になっている人事制度が多く見られました。能力主義のシンボルであるはずの職能資格制度が年功主義の仕組みと誤認されるのはこのためです。

[3]成果主義

　人事における成果主義という言葉は、バブル経済の崩壊とともに華々しく登場しました。企業の目標に対して具体的な成果を創出している人材を厚遇するという人事観で、能力主義でも変えることができなかった組織の価値意識を刷新しました。社員の意識を変革する上で経営からの信頼性が高く、多くの大企業が成果主義を標榜して、従来型の職能資格

制度の見直しや、業績重視型の賃金・賞与制度改定を実施しました。

　成果主義は年功主義と対をなす人事観であり、成果を出せば厚遇されるポリシーなので、年齢にかかわらず活躍できる仕組みです。職責や貢献度に応じた処遇の実現が見込めるため、人件費管理やハイパフォーマー活性化の観点でメリットがあります。一方で、「業績偏重で結果さえ出せばよい」という思い込みから、個人主義に陥ってしまう点や短期業績に偏重してしまう点など、組織を円滑に運営する上でのデメリットについて批判の声が上がることもあります（本来は、企業における「成果」の捉え方を工夫すればバランスの良い評価・処遇ができるはずです）。また、数値業績の明確化が難しい業種・業態・職種では成果に応じた処遇がなじまないという声も多く、一度は成果主義に振り切った企業でも制度の見直しをかけているケースがあります。

[4]組織貢献主義

　2010年ごろ以降は、上述の成果主義の反省を踏まえ、各社それぞれの視点から厚遇する社員像の見直しをしています。また、昨今は企業経営に対する社会的要請が急速に高まっており、数値業績の追求だけでなく環境・人権など世界共通の社会課題に取り組む視点が求められています。コーポレート・ガバナンスやリスク管理の面では、先進諸国の標準的な考え方を意識する必要があり、企業が求める人材の要件も変容しています。「組織貢献主義」という表現が適切かは企業によるかもしれませんが、それらの組織には次のような期待・要請に応える人材を厚遇しようという共通する人事観があります。

・組織の価値観を重んじる（かつ、それを行動で体現できる）

・結果だけではなくプロセスも重んじる

・変化に対する行動や挑戦を重んじる

・問題解決に向けた協調・協働を重んじる

・ESG（環境・社会・ガバナンス）の視点での成果を重んじる

・数値業績に偏重せず心理的安全性を重んじる

・リスク管理・コンプライアンスを重んじる

　つまり、働く社員側から見れば、組織内での働きやすさ・働きがいが期待できる半面、伝統的な成果主義よりも価値創出において心に留めておかなければいけないポイントが多種多様になっているともいえます。数値的な成果を出すことが前提ですが、社員（特に管理職）にはコミュニケーション力や人格的な魅力も必要になってきます。この点に関しては、人事制度設計によって企業の人事観がうまく浸透すれば、組織がバランス良く機能するはずです。一方でデメリットがあるとすれば、社員に目的意識の高さや多方面で貢献することを要求するため、人によってはパフォーマンスの力点の置き方が分かりにくく、役割遂行の過程で負担を感じる可能性があるという点です。

　なお、ここに挙げた四つの人事観は、企業につき必ず一つだけ選択されるものではなく、管理職層と一般社員層で別々の考え方を適用するなど、組み合わせの選択が可能であることを付け加えておきます。

5　コース制度の概説

　等級制度をさらに理解する上では、「コース制度」（または「職群制度」）に触れる必要があります。一定の人数規模以上の企業の等級体系ではコース制度・職群制度を取り入れているケースが多く見られます。採用区分や専門性による期待値や職務範囲の違いを明確化するために、同一社内の等級体系の構造において人材を区分する考え方です。概念図で説明すると、等級の階層は縦方向の区分ですが、コース制度は職務や働き方のグループを横に並べて設置する考え方になります［図表1−5］。

　コース制度の構造は、業種や業態によって特徴があります。また、コースによって等級の設置数や運用の考え方も異なります。典型的なも

[図表1-5] コース制度と等級制度の違い

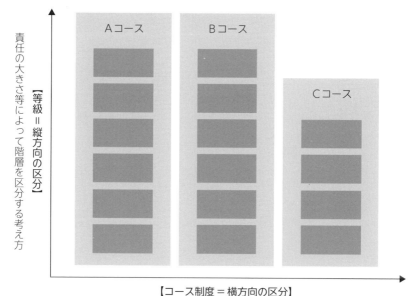

【コース制度＝横方向の区分】
職務や働き方のグループ別に等級を区分する考え方

のとして、コース別人事制度と複線型人事制度について概説します（設計の詳細については本書の後半で説明します）。

[1]コース別人事制度

　「コース制度」との語句の違いが分かりにくいですが、「コース別人事制度」とは、通常、入社時のコース・職群が区分される人事制度のことを指します。古くから、金融業・商社などをはじめとした大企業では、新卒採用の区分として総合職のほか「一般職」（または「事務職」「実務職」）を設置するケースが多く見られました（[図表1-6] の左図）。判断業務や対外業務を行う「総合職」に対して、「一般職」は主に定型事務や内部業務を取り扱う職種です。製造業では、製造現場に関わる人材を「技能職」（または「現業職」「製造職」）として人事制度上で区分する企業も多くあります。

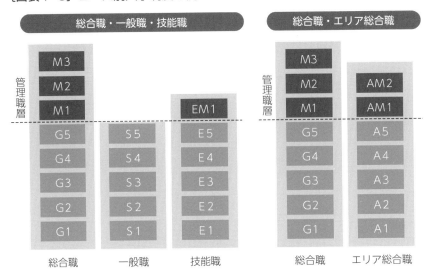

また、上記に掲げた「一般職」や「技能職」は、転居を伴う異動がないケースがほとんどです。全国に拠点を展開する大企業では、それぞれの事業所や工場のある地域で人材を採用し、原則的に転居転勤がない前提で雇用をします。「一般職」「技能職」はもっぱら同一年齢層の総合職に比べて賃金が低めに設定されているのですが、その分、職務の範囲が限定されており、かつ自身が勤務・生活するエリアに根差した安定的な働き方ができるというわけです。

最近では共働き世帯の増加などにより、社員の柔軟な働き方に呼応する職掌として、「エリア総合職」という枠組みを設置する企業が増えています。総合職と同じ職務内容で転勤（あるいは転居を伴う転勤）をしないコース・職群を指すことが一般的です（[図表1-6] の右図）。「勤務地限定社員」「限定総合職」「準総合職」などと表現する企業もありますが、本書では勤務エリアを限定しない総合職との比較が分かりやすい「エリア総合職」の呼称を用いて説明します。

これまで転勤のある大企業では、総合職は異動が前提であり、家族世

帯の社員（主に男性労働者）が転勤する場合は「家族も一緒に転勤するか、単身赴任をするか」の選択を迫られる光景が日常的でしたが、労働者の就業観や日本の家族モデルが変化してきており、人材確保の観点で転勤を免除するルールを設けることの有用性が注目されています。また、女性活躍推進や人材活用の効率化のために一般職を廃止（総合職と統合）するという事例も増えており、その際の移行の枠組みとして「エリア総合職」が機能することもあります。

[2]複線型人事制度

　「複線型人事制度」はその名のとおり、人材の有効活用や社員の就業ニーズに呼応するために、キャリアルートが複線化された等級体系のことです。等級の複線化により、ライン管理職以外の管理職層の役割・キャリアが明確化されます。上述の「コース別人事制度」についても、社員区分によって等級体系が複線化されているので、広い意味では複線型人事制度の一類型といえますが、ここでは社員の専門性を活用するために入社後のキャリアルートが途中から分岐する仕組みを中心に説明します［図表1-7］。

　複線型人事制度の典型例としては「管理職」のほかに、同等のコースとして「専門職」を併設する場合が多く、加えて「専任職」の枠組みを設ける例があります。その定義づけは必ずしも各社一様ではありませんが、専門性の高さの相対的な違いにより専門職と専任職を区分するケースが見られます。具体的には、社外にも通用する「余人をもって代え難いスキル・専門性を持つ人材」を専門職、「経験豊富で社内の業務に精通する人材」を専任職に配置することが多く、専門職・専任職のそれぞれを「スペシャリストコース」「エキスパートコース」と呼ぶ企業もあります。

　専門職設置の背景は企業によりさまざまです。「業務習熟が難しい高付加価値が生み出せる専門人材を確保するため」という純粋な理由のほか、

[図表1-7] 複線型人事制度の例

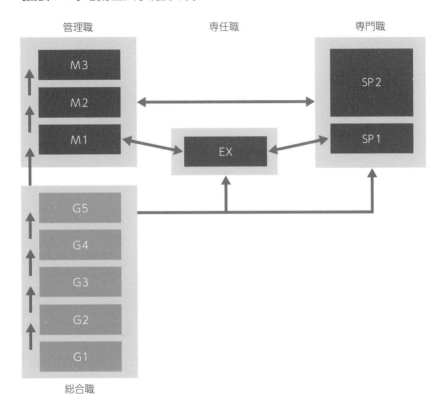

「ライン管理職のポストが不足する中、ライン管理職でない中高年社員にもモチベーションを維持してもらうため」という設置理由も過去には見られました。そのため、従来の専門職は、ライン役職に就かない管理職層の処遇の温床になっている（＝期待レベルに対して賃金が高い）という面も否めませんでした。

　一方で昨今では、新規事業開発・事業ポートフォリオ転換・DX推進など企業変革の必要性などから、専門人材の確保が大きな課題になっています。IT企業では上級管理職クラスと同等の専門職を設置する企業は珍しくなく、研究職などの技術者を抱える会社では早期にキャリアを明確にするため、一般社員層の途中から専門職コースを設置するケース

が見られます。

　なお、複線型人事制度に対して、複線化をしない等級体系を「単一型人事制度」といいます。単一型人事制度は一般社員層からシンプルに管理職層を目指す（そうでなければ昇格が頭打ちになる）キャリアルートになります。専門職制度のよくある課題として、通常の総合職との違いが明確ではない、という点があります。「処遇を区分するほど際立った専門家がいない」あるいは「社員は誰でも何かの専門家である」という考え方の企業では、あえて専門職コースを設けないという選択もあり得ます。

6　役職制度・昇降格ルールの概説

　ここまで等級制度の設計の前提となる基本知識のレビューをしてきましたが、本章の最後に [1]役職制度と等級の関係、[2]昇進と昇格・降格について概説します。

[1]役職制度と等級の関係

　企業の組織では、業務のレポートラインにおける組織長（マネージャー）とメンバーという関係性が存在します。組織構成に応じて、典型例としては課長・部長・本部長などの役職（または「職位」「ポスト」）の階層があり、これらの役職と等級制度のランクとの対応関係は、採用する等級制度の類型により異なることになります。

　後述する職能資格制度の場合は、通常、等級制度のランクはある役職に就く上での前提条件となり、役職と等級制度は別々の仕組みとして運用されます。例えば、「主査（等級）・課長（役職）」「8等級・部長（役職）」というように、同一人物に対して「格」と「役」の二種類の位置づけを示します。

一方、職務等級制度では、組織に配置される固有の役職（例：法人営業部長、人事企画課長など）を「ポジション」や「ジョブ」と表現することが多く、ポジションそのものが等級を決定する根拠となります。そのため、役職と等級が完全に連動します。

[2]昇進と昇格・降格

「昇格」は、等級制度のランクが上がることを指します。それに対応する概念として「昇進」があります。昇進は現状よりも地位の高い役職に就くことです。英語ではどちらもPromotionなのですが、伝統的に等級と役職を分離して運用する職能資格制度が広く根付いてきた日本企業では、昇進と昇格を区別して管理する例が多く見られます。

昇格の対義語は「降格」です。等級制度のランクが下がることを指します。昇進の対義語は「降職」です。個人がレポートラインの役職から外れることを「ポストオフ」「ラインオフ」と表現する企業も多く、本書では「ポストオフ」を中心に使用します。等級制度の運用においては、企業の人事観に整合した昇格・降格・役職任用のルールを設定することが極めて重要であり、次章以降で詳しく解説します。

第**2**章

等級制度には
どのような種類があるか

1 等級の基軸

　第2章では、前章で説明した等級制度の基礎知識を基に、人事制度の類型について詳しく解説します。

　前述のとおり、等級制度には格付けの基準が必要です。社員の視点でいえば、格付けの基準が異なると、キャリアの「はしご」の上り方が異なる、ということになります。それは例えば、年数が経過したら必ず上れる場合もあれば、年数経過だけでは上れない場合もあります。

　等級制度での格付けの基準を分類すると、例えば、「社員の年齢」「能力」「仕事の役割」「ポジション（役職の高さや職務価値の大きさ）」が挙げられます。本書では、この格付けの基準を等級の「基軸」と表現します。等級の基軸は、「年齢や能力などの人に紐づく基軸（属人基準）」と「役割やポジションなどの仕事に紐づく基軸（仕事基準）」に大別できます。基軸別に代表的な等級制度は、以下の3種類です（純粋な年齢・勤続年数のみによる等級管理は説明を省略します）。

　Ａ：能力を基軸とした「職能資格制度」

　Ｂ：役割を基軸とした「役割等級制度」

　Ｃ：ポジション（役職・職務）を基軸とした「職務等級制度」

　多くの日本企業の等級制度が上記のいずれかに当てはまり、その他はこれらの三つのいずれかから派生した仕組みか、複数を組み合わせた仕組みになります。「複数を組み合わせた仕組み」には、管理職層と一般社員層で異なる等級の基軸を用いるケースや、同じ対象に能力と職務など二つの基軸を用いて管理する「ダブルラダー」のケースが当てはまります。いうなれば、同じ組織の中に等級の基軸が複数存在する"ポリシーミックス"の等級制度です。なお、「役割等級制度」「職務等級制度」は、

人事制度のうち等級制度のみを指す概念としつつ、人事評価・報酬も含む人事制度全体をそれぞれ「役割等級（役割型）人事制度」「職務等級（職務型）人事制度」と識別して説明することがあります。本書においては、人事制度全体を指し示す場合も「役割等級制度」「職務等級制度」と表現します。

　それぞれの等級制度（およびそれに紐づく人事制度）は、前章で紹介した人事観とのつながりが深く、能力主義であれば職能資格制度、成果主義であれば職務等級制度がオーソドックスな対応関係といえます。その一方で、成果主義であれば必ず職務等級制度でなければならない、という決まりがあるわけではなく、人事観と等級制度が完全にイコールで結び付くものではありません。また、上記で紹介した等級制度の類型の中に、すべての組織に適した万能な基軸があるというわけではなく、企業を取り巻く環境や運用の志向性により、それぞれメリット・デメリットがあります。

2　数字で見る等級制度の動向

　前節で三つの基軸による等級制度の違いについて概説しましたが、それぞれ実際に採用している企業の割合を紹介します。

[1]等級制度の推移

　［図表2-1］は、労務行政研究所がこれまで「人事労務諸制度の実施状況調査」等で定期的に調査している、職能資格制度・役割等級制度・職務等級制度の採用割合の推移を表したものです。

　1990年代は職能資格制度の割合が8割以上と高く、調査企業全体を席巻していますが、2004年には、5割前後まで下がってきている（直近2022年は54.5％）ことが分かります。それに取って代わるものとして、

[図表2-1] 各等級制度の採用割合（経年推移）

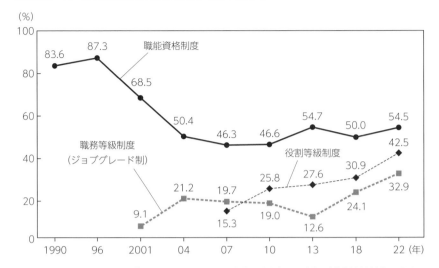

資料出所：労務行政研究所「職能資格制度に関する実態調査」（1990年）、「職能資格制度に関する実態調査」（1996年）、2001年以降は「人事労務諸制度の実施状況調査」

役割等級制度・職務等級制度の割合が増えています。

　役割等級制度は2010年ごろから増え始め、2022年では42.5％の企業が採用しています。職務等級制度も、2013年までは1〜2割前後にとどまっていますが、2018年から増加傾向です。「ジョブ型雇用」ブーム後の2022年では32.9％と、役割等級制度の採用率に肉薄しているのが分かります。

　ただ依然として、職能資格制度の割合が最も高い状況は不変であり、日本企業に広く浸透していることが理解できます（複数選択可の調査であり、対象社員層によって複数の等級制度を採用している企業も多いため、足し上げても合計値が100％にはなりません）。

[2]属性別の採用割合

　また、［図表2-2］は労務行政研究所が行った「等級制度と昇降格に関する実態調査」（2022年）の結果です。調査対象と方法が異なるため

40

[図表2-2] 各等級制度の採用割合（属性別）

一般社員

―(社)、%―

区　分	全　産　業				製造業	非製造業
	規模計	1,000人以上	300〜999人	300人未満		
合　計	(196) 100.0	(75) 100.0	(77) 100.0	(44) 100.0	(79) 100.0	(117) 100.0
職能資格制度	53.6	66.7	49.4	38.6	60.8	48.7
役割等級制度	19.4	14.7	23.4	20.5	20.3	18.8
職務等級制度	14.3	8.0	14.3	25.0	8.9	17.9
上記いずれかを併用	11.2	10.7	11.7	11.4	8.9	12.8
その他	1.5		1.3	4.5	1.3	1.7

管理職

―(社)、%―

区　分	全　産　業				製造業	非製造業
	規模計	1,000人以上	300〜999人	300人未満		
合　計	(196) 100.0	(76) 100.0	(77) 100.0	(43) 100.0	(79) 100.0	(117) 100.0
職能資格制度	39.3	42.1	39.0	34.9	44.3	35.9
役割等級制度	26.0	26.3	27.3	23.3	27.8	24.8
職務等級制度	16.3	14.5	14.3	23.3	12.7	18.8
上記いずれかを併用	16.3	17.1	18.2	11.6	13.9	17.9
その他	2.0		1.3	7.0	1.3	2.6

資料出所：労務行政研究所「等級制度と昇降格に関する実態調査」（2022年）

[注]　1.　「上記いずれかを併用」は"職能資格制度と職務等級制度を併用"等、複数の等級制度を組み合わせて導入する場合を指す。

　　　2.　表内で示した各制度を単体で導入しているケースに、他の制度と併用して導入しているケースを合算した総導入率を見ると、「職能資格制度」は一般社員で62.2%、管理職で51.5%、「役割等級制度」は同25.0%、38.3%、「職務等級制度」は同23.0%、25.5%。

[図表2-1] の結果と違いがありますが、属性別（管理職・一般社員別、企業規模別、産業別）の採用割合が分かります。

　全体傾向と変わらず、一般社員・管理職ともに、どの企業規模・産業区分で見ても、職能資格制度が最も多い状況です。一般社員は企業規模計で見れば、53.6%が職能資格制度であり、管理職と比べて14.3ポイント高くなっています。

企業規模別に見ると、「成果主義が浸透している」と思われがちな1000人以上の大企業ほど、職能資格制度の採用割合が多い状況です。特に、一般社員の採用率が66.7％となっており、過去に成果主義の導入に向けて人事制度改革を実施した企業であっても、成長段階の一般社員は能力主義を維持したケースも多いことが推察されます。本調査のデータからだけでは断定できませんが、大企業はユニオンショップ制（社員は労働組合に加入しなければならない制度）を有する労働組合の組成率が高いため、各社の労使コミュニケーションの中で人事制度を大幅に変更してこなかったことも遠因となっている可能性があります。また、役割等級制度・職務等級制度は、一般社員に比べて管理職のほうが浸透しています。経営目線での変革の必要性や、貢献に応じた処遇を行うべき優先度からも、自然な結果とみてよいでしょう。

　産業別（製造業と非製造業）の比較では、一般社員・管理職ともに、製造業のほうが職能資格制度の採用率が高くなっています。一方で、人材が持つ専門性やスキルが生産性に直結しやすいためか、非製造業のほうが職務等級制度の採用割合が高くなっています。

　また、いずれかの等級制度を併用している企業も一定割合を占め、一般社員では11.2％、管理職では16.3％という結果です。人事制度改定の経緯として、前述のポリシーミックスの仕組みを適用しているということになります。

　上記調査の分析について誤解なきように補足すると、「職能資格制度が最も多いため職能資格制度のままが無難」「職能資格制度は減少傾向なので今更取り入れる必要はない」「職務等級制度を導入している企業はまだ少数派なので、今は様子を見たほうがよい」というメッセージを伝えたいわけではありません。人事制度改定をする場合は、自社を取り巻く環境や社内の状況によって検討すべきなので、世間の趨勢はあくまで参考情報として活用してください。

3 職能資格制度

　職能資格制度は、社員の能力により人材を格付ける仕組みです。戦後日本経済における企業の成長の歩みとともに広く普及した制度であり、前述のとおり、現在でも最も採用されている等級制度です。ほとんどのケースで能力習熟に基づく定期昇給を伴う仕組みになっており、「賃金は毎年上がるもの」という前提で運用されます。日本型雇用の特徴である年功序列、終身雇用制と密接に関係しており、安定して成長する企業に親和する仕組みといえます。

　また、職能資格制度は、企業内で能力の伸長が高い者は昇格して、上位等級の能力要件に不足する者は昇格が停止する仕組みです。累積型の報酬制度となるため、「年功序列賃金の原因をつくっている」と誤認されがちですが、等級制度本来の機能に着目すると、能力主義の人事制度の実現（＝脱年功主義）が狙いであることが分かります。

　ただ一方で、格付け運用の基準となる「能力」自体は、目に見えるものではなく、実際には判定する側（上位者など）の判断が影響します。それゆえに、能力を判断するための代替指標あるいは参考として、年齢や勤続年数を活用するケースも多く、企業の運用次第では準・年功序列賃金のような仕組みになってしまいます。つまり、年功序列の実現のために制度が存在するわけではない中、運用を通じて年功的になりやすいということです。

[1]職能資格制度の枠組み

　職能資格制度における等級が「資格等級」です。「職能等級」「職能資格等級」と表現するケースもあり、企業ごとに最適な階層数に区分されています。「1～10等級」など、全社の資格等級を通番の呼称で管理する例や、「管理職1～5級・総合職1～5級」など、職掌別に呼称を区

分する例が多く見られます。また、管理職層や監督職については、「理事・参事・主事」など、和名の資格呼称が付いている例もあります。職務（どのような仕事を行っているか）ではなく、人材の能力の区分に沿って等級の違いを認める制度であり、後述する役割等級制度と比べて設置階層が多い傾向にあります。

「資格等級」は能力を基準とした階層であることは既述のとおりですが、認定に必要な能力は「保有能力」と「発揮能力」に大別されます。「保有能力」は、いわゆる潜在能力も含め、「今後、仕事の出来栄えにつながることが期待される能力」です。例えば、「ビジネスに関連する公的資格の保有」「問題解決をする上での地頭の良さ」「どんな職場でもなじめる環境適応力」などが該当するでしょう。対して「発揮能力」は、具体的な仕事の場面において既に顕在化している能力です。例えば、「新しい企画を取りまとめる提案力」「プレゼンテーションのスキル」「円滑にプロジェクトを進めるコミュニケーション力」などが該当します。

また、企業によっては「保有能力」「発揮能力」だけでなく、職能資格要件に「業務態度」を重視するケースもあります。例えば、「誠実さ」「情熱」「勤勉性」などが該当しますが、これらの態度は、能力に増して、ある特定の評価者の主観的な判断でしか確認が難しい性質であり、本来は等級制度としての「能力」の概念に含めるべきではないと考えます。

また、仕事の場面では、営業・管理・技術などの職種に応じて求められる能力は異なりますが、資格等級における「能力」は、職種横断で共通化した上で等級に期待される人物像を設定するケースが主流です。それを職能資格基準（あるいは職能定義）と呼び、等級格付けの判断根拠に活用します。

[2]職能資格制度と役職任用

前章でも触れましたが、職能資格制度では、資格等級と組織上の役職（部長・課長等）は、それぞれ独立した仕組みとして存在します。

昇格は、組織内で設定した職能資格要件の充足度によって（具体的には考課・試験などの昇格審査の手続きを経て）決定します。また、「能力は一度身に付いたら落ちることはない」という考え方に立ち、原則的には資格等級は降格の運用を前提としません。

　これに対して昇進は、事業構造上の役職設置の必要性や上位役職を担う人材の状況によって決定します。例えば、「この人は能力があるから昇進させたい」としても、上位のポジションに別の適した人材がいる場合は昇進できません。状況によっては部署の統廃合や役職定年のルールなどにより、ポストオフすることもあり得ます。

　そのため比較論としては、職能資格制度における"昇格"の機会は絶対的な性格を持ち、"昇進"の機会は（他者の状況が関わるため）相対的な性格を持つといえるでしょう。経営の視点では、社員を動機づけるために昇格のチャンスを平等に提供しつつ、昇進とポストオフの運用は、組織運営の状況に即して柔軟に管理できる点が特徴になります。

　また、職能資格制度では資格等級に対応する「役職」が、通常 [図表2-3] のように決められています。「ある資格等級にならなければ対応

[図表2-3] 職能資格制度と役職任用（一例）

		任用可能なパターン		
		資格等級に対応する役職	対応役職より低い役職	役職なし
資格等級（管理職層）	10級	本部長		（社長付）
	9級	部長		（本部長付）
	8級	次長		（部長付）
	7級	課長		
	6級	課長代理		

する役職に任用されない」という関係性がある一方で、当該役職以下の
ポジションには降格を伴わず任用できます。

　なお、伝統的な職能資格制度における役職の任用では「役職の昇進に
対して、資格が先行する」という考え方が原則です。[図表2-4]の場
合、7級になった人が、課長に登用される資格を持っています。そのた
め7級に昇格しても、しばらくは課長代理のままであり、次の組織改編
等のタイミングで課長になります。つまり、「先に課長に昇進したため
追随して資格等級も7級に昇格する」という運用順は基本ではありませ
ん。

　これは、能力要件に基づく資格等級のランクを参考に役職登用を決定
する職能資格制度において自然な考え方といえますが、昨今の事業環境
変化のスピードでは、「資格先行・役職追随」の理念を順守するために
生じる役職任用のタイムラグが、組織全体の機会損失につながる懸念が
あります。そのため、役職へ登用する候補人材の不足が課題となってい
る企業では、昇格と同時に昇進を実施することや、下位資格等級のまま
上位役職を付与する例外ルールを設けるなど、抜擢運用の工夫をしてい
ます。

[図表2-4] 資格先行・役職追随の考え方

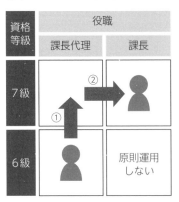
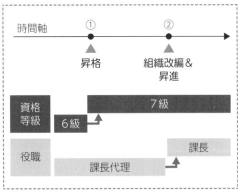

[3]職能資格制度における要件定義

　それぞれの資格等級の人材要件を示すものとして、前述の職能資格基準がありますが、それを書式に具体化したものが「職能資格基準書」です。様式は企業によりさまざまですが、[図表2-5]に伝統的な職能資格基準書の例を示します。職能資格基準書が各等級に求める人材像を示

第2章

等級制度にはどのような種類があるか

[図表2-5] 伝統的な職能資格基準書の例

資格等級	標準モデル年数	最短モデル年数	職能区分		管理職能		専門職能		専任職能	
					職能資格基準	対応役職	職能資格基準	対応役職	職能資格基準	対応役職
9級	—	—	統括・管理職能	高度専門職能 / 専任職能	……	部長 室長	……	主席研究員	……	専任部長
8級	4年	3年			……	次長 支店長	……	主管研究員	……	専任次長
7級	4年	3年			……	課長	……	主任研究員	……	専任課長
6級	4年	3年	監督・指導職能	専門職能	……	課長代理	……	副主任研究員	……	専任課長代理
5級	4年	3年			……	係長				
4級	4年	3年			……	主任				
3級	4年	3年	判断・定型職能		……					
2級	3年	3年								
1級	4年	4年			……					

資料出所：堀田達也『等級制度の教科書』（労務行政）

[図表2-6] 職能要件書の書式例

資格等級	職務遂行実績		職務に対する関心・意欲・態度		保有・発揮能力	
	項目	内容	項目	内容	項目	内容
7級	業務計画達成	………	経営参画意識	………	管理知識	………
	業務管理	………	コンプライアンス意識	………	業務企画力	………
	体質改善	………	コスト意識	………	決断力	………
	部下管理	………	責任性	………	渉外力	………
	経営補佐	………	積極性	………	人材育成力	………

資料出所：堀田達也『等級制度の教科書』（労務行政）

したものである一方で、「職能要件書」は資格等級別（あるいは資格等級×職種別）に期待される能力の明細（職能要件）を詳しくリストアップしたものです［図表2-6］。職能要件書は、等級制度の運用において殊更に整備するメリットを感じないかもしれませんが、人事評価制度における能力評価基準としてそのまま活用できる利点があります。

　なお、上記の「職能資格基準書」を示す意味合いで「職能要件書」と表現する場合や、「職能要件書」の中に双方の要素が包含される場合など、企業によりさまざまな運用パターンがありますので、上記分類は参考としてご確認ください。

[4]職能資格制度のメリット・デメリット

　職能資格制度には、メリットとデメリットがあります。実際は等級制度のみならず、組織設計や賃金制度の構造も含めて人事制度の特徴を捉える必要があるため、列挙した内容に当てはまらない企業もありますが、一般化すると以下のとおりです。

(1)メリット

①円滑な配置転換が可能

　職務等級制度とは異なり、人事異動による等級変更は伴わないため、

柔軟なジョブローテーションを運用しやすい仕組みです。そのため、ゼネラリストの育成にも適しています。

②本人視点での昇格機会

資格と役職の運用が分離された仕組みであり、本人の能力向上によって昇格が可能です。そのため、他の等級制度と比較して昇格の機会が創出しやすく、組織内での長期勤続を促すインセンティブになり得ます。

③メンテナンスのしやすさ

職務等級制度におけるジョブディスクリプション（職務記述書）と比較して、職能資格基準書の記述内容は事業環境の変化に大きく左右されないため、メンテナンスが容易です。職務評価も不要なため、等級格付けの運用も簡易的なものになります。

(2)デメリット

①貢献と処遇の不一致

社員の能力に応じて厳格に運用していれば貢献と処遇は一致するのですが、職務等級制度や役割等級制度と比較すると、曖昧で恣意的な昇格運用になりやすい問題があります。また、ライン長でない管理職層（非ライン管理職）が一般社員層のプレーヤーと同レベルの実務に従事する場合、人件費の過払いになってしまいます。また、職能資格制度の格付けは、基本的に「職務遂行に必要な能力」の変化や陳腐化が前提になっていないことも特徴であり、ビジネスの環境変化や技術革新のスピードが速い昨今では、この点が課題であるといえます。

②総額人件費管理のしにくさ

職能資格制度では、昇格運用や習熟昇給の影響で昇給運用が年功的になりやすく、高年齢・高資格者が多い企業ではそうした問題が顕著です。企業内で同じメンバーを雇用し続け、創出する生産量や付加価値が経年的に変わらなくても、評価を厳格に運用しなければ、毎年数パーセントずつ人件費が上がっていく仕組みです。そのため、経営の視点では総額人件費管理がしにくい面があります。

③不要な職務の抑制の難しさ

　職能資格制度を採用する企業では、特に一般社員層（あるいは初任管理職等級まで）は厳格な選抜をせず、能力基準で半自動的に社員を昇格させるケースが多いため、経年の運用で上位等級の比率が増えてしまいます。設置ポジションに対して初任管理職等級の人員が余っている場合には、そうした人たちに充てる新しいポジションを設置するなど、本末転倒な運用になりがちです。

4　職務等級制度

　制度分類の類似性という意味では、職能資格制度の次に役割等級制度を説明すべきですが、役割等級制度は職能資格制度と職務等級制度の中間の性格を持ちます。そのため、本節で職務等級制度を先に説明しておきます。

　職務等級制度は、文字どおり「職務」を基軸に格付けを判断する等級制度で、日本では近年にわかに採用する企業が増えています。欧米では「人事制度といえば職務等級制度」なので、外国資本の企業ではむしろ伝統的な仕組みといえます。日本企業においても1960年代に職務給の導入機運が高まり注目を集めましたが、その後職能資格制度が主流となり、さらにバブル経済の崩壊以降は、

・1990〜2000年ごろの成果主義人事制度ブーム

・2010年前後からの企業人事のグローバル対応

・2020年代のジョブ型雇用への転換の機運

——などが契機となって、職務等級制度への着目度が高まっています。このため、職務等級制度そのものは古くから存在するのですが、職能資格制度と比較して「新しい人事制度」と認識されがちです。

　上記に関して、2020年の新型コロナウイルスの流行直後では、リモー

トワークの環境下で人事評価を行う際の「成果の見える化」が各企業で課題となり、メディア等では職務を基軸とするジョブ型雇用への移行に解決の可能性を見いだす論調がありました。ただし、職能資格制度であっても、人事評価制度を改良して業務のプロセスと個人別の成果を明確化すれば、上記の「リモートワークの環境下での課題」は一定程度解決します。そのため、職務等級制度の導入と「成果の見える化」には、絶対的な因果関係があるわけではありません。

　その一方で2020年代では、いよいよメンバーシップ型の日本企業において、「貢献と処遇の不一致」「中高年層の活性化」「キャリア自律化」「多様性推進」などの組織課題が、看過できない問題として顕在化してきました。また、業種や個人の就業観によっては転職を繰り返しながらのキャリア形成が当然の世の中になり、専門人材に対して外部労働市場の価値に見合った報酬を支払う必要性が日に日に増しています。そういった状況に対する処方箋の一つとして、職務等級制度に関心が集まっています。

[1]職務等級制度の枠組み

　職務等級制度における階層区分が「職務等級」です。欧米由来の仕組みであり、社内の通用呼称としては「ジョブグレード」等と表現するケースが多いかもしれません。職務等級制度を導入・運用するために必要なプロセスとして、「職務評価」があります。したがって、職務等級を理解する上で、職務評価の理解が欠かせません。

　職務評価とは、組織における各ポジションの価値を一定の尺度で評価し、社内での相対差を明らかにすることです。現任者の"パフォーマンス（人の能力）"を評価するのでなく、ポジション本来の"職務内容（イスの値段）"を評価する仕組みです。

　職務評価の手法は、一般に「単純比較法」「分類法」「要素比較法」「要素別点数法（ポイント・ファクター方式）」の４種類がありますが、最も

客観的なものは複数の尺度により定量的なスコアを算出して判定する要素別点数法です（本書では各手法の違いの解説については割愛します）。具体的には、職務評価ツールを用いて、専門性や組織規模、担う業績の規模などの評価基準でポジションの職務価値の大きさを採点（スコアリング）します。

　この結果、同じ「部長」職の役職層であっても「営業部長」と「総務部長」では点数（ジョブスコア）が異なり、職務等級の格付けや報酬水準が異なることが起こり得ます［図表2-7］。

　職務等級制度について、ここまでの説明をまとめると、
・職務評価を根拠として等級格付けをする点
・現任者ではなくポジションそのものを評価する点
・同じ役職層において、ポジションにより格付けに差が発生する点
が職能資格制度や役割等級制度との大きな違いだといえます（職務評価の具体的な進め方については第4章で説明します）。

　見方を変えれば、職務評価に基づいてポジション別の処遇にメリハリを設けることを職務等級制度の導入目的に掲げる企業では、同じ役職層（例：「営業部長」と「総務部長」）でポジション間の職務価値の差が鮮明に分かるように等級階層を設置するべきです。具体的には、職務評価に

［図表2-7］同じ役職層におけるポジションによる職務価値の相違

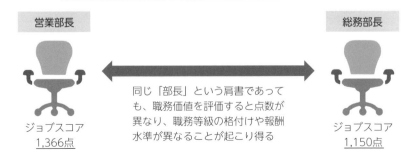

ポジションごとの職務価値をスコアリングした場合のイメージ

営業部長　　　　　　　　　　　　　　　　　総務部長

ジョブスコア
1,366点

同じ「部長」という肩書であっても、職務価値を評価すると点数が異なり、職務等級の格付けや報酬水準が異なることが起こり得る

ジョブスコア
1,150点

よるグレーディングの段階では、「営業部長」は11グレード、「総務部長」は10グレードといった差異を識別しやすくするために、例えば、企業全体で15〜20階層など、職能資格制度・役割等級制度と比べて多段階のグレードを設置します。

　ただし、上記で設定したグレードが報酬制度に直接反映されるとは限りません。基本給の支給基準として活用する職務等級は、職務評価時点のグレーディングをそのまま採用するケースと、それよりも大ぐくりの職務等級を別途設置するケースがあります［図表2-8］。前者は職務評価の差を細かく報酬水準に織り込むことができることがメリットで、後者は社員にとってシンプルで報酬差の意味が把握しやすいことがメリットです。

[図表2-8] 報酬反映用の職務等級

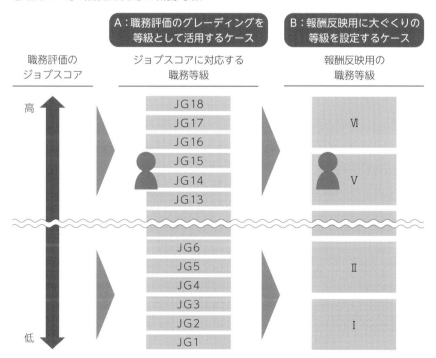

[2]職務等級制度とポジション任用

　資格先行で役職に任用する職能資格制度とは異なり、職務等級制度では「ポジションアサイン（＝特定役職への任用）」を起点に職務等級が決まります。したがって、アサインされるポジションが同じであれば、担当する人材によって職務等級の格付けが変わるということは原則ありません。例えば、同じ「法人営業企画部長」であれば、前任者・現任者・後任者とも同一の格付けになる、という考え方です。ただし、同じポジションの中で権限や責任、期待水準が拡大（または縮小）し、ポジションの職務価値が変わる場合は格付けが変わることもあります。

　また、職務等級制度では、昇格と昇進の分離運用という概念がありません。ポジションが上位グレードに変更になれば昇進となり、同時に昇格にもなります。厳密にいえば「昇格・昇進」や「降格・降職」という表現は、職務等級制度の運用にふさわしくありませんので、上位または下位ポジションへの「転換」「移行」等と表現します。特に、下位ポジションへの転換を「降格」と表現すると、言葉のイメージが先行して不要なモチベーションダウンを引き起こす懸念もあるため、ポジション運用を硬直化させない呼称の工夫が必要になります。

　また、事業戦略に人材マネジメントを最適化させるためには、ポジションの設置・任用を人事部門で管掌するのではなく、社内の各事業部門の裁量に委ねることが理想です。ポジションの再編は事業運営の必要性に応じて行われるため、期中にポジションを新設したり統廃合したりすることもあり得ます。そのため、職能資格制度と比較すると、職務等級制度は流動性の高い運用になりやすいでしょう。フレキシブルな人材採用や処遇の実現は、職務等級を導入する企業の狙いの一つでもあります。新規事業のマネージャーを社外から採用したり、成熟化した事業で組織を小規模化したりする際に、スピーディーで合理的な運用が期待できます。

[3] 職務等級制度におけるポジションの要件定義

　職務等級制度では、各ポジションの要件定義として「ジョブディスクリプション（職務記述書）」を作成するのが通常です。ポジション別の職務評価をする上では、「現任者の仕事ぶり」ではなくポジション自体の職務情報が分かっていないと判断できません。そのため、それぞれのポジションの職務遂行に際して求められる事項を、ジョブディスクリプションとして明文化します。具体的な構成要素としては、「ミッション」「主要な職務」「知識・スキル・経験」などを記載します［図表2-9］。策定に当たっての具体的な留意点については、第4章でも紹介します。

　なお、職務等級制度においてはポジション別の管理が原則となるため、職能資格基準のような全社共通・職種横断型の要件定義は不要です。要素別点数法による職務評価では、それぞれのポジションの職務評価点がそのまま格付けの根拠となります。さらに、その根拠たる個別のジョブディスクリプションさえ整備していれば、全社共通の等級定義はなくても等級制度の運用に足る、ということです。

[4] 職務等級制度のメリット・デメリット

　職務等級制度は、職能資格制度と対照的な特徴を持ちます。職能資格制度と同様に、実際は他の人事機能・施策との連携の中で成立するメリット・デメリットもありますが、概括すると以下のとおりです。

(1) メリット

①貢献と処遇の一致

　あらかじめ定められた個々のポジションの職務価値に対して等級が連動するため、職能資格制度・役割等級制度と比較して貢献の大きさと処遇の高さが一致しやすい仕組みです。

②総額人件費管理のしやすさ

　年功的な昇給で、自動的に総額人件費が積み上がることはありません。また、事業運営に必要なポジションに支給する報酬額の合算で人

［図表2-9］ジョブディスクリプションの例

■ポジション概要

職務名称	金融営業 チームリーダー	職位コード	XXX	作成日	XXX
		ジョブグレード	XXX	上位ポジション	XXX

■職務内容

ミッション	担当する金融業界の顧客に対する売上拡大に向けて、営業計画の策定・遂行と、メンバーのマネジメント・育成を行う
主要な職務	・部の方針に基づき、チームの目標達成に向けた年間方針を策定する ・チームの年間方針に従って、メンバーの営業目標・計画・アサインを決定する ・大口取引先・新規取引先の顧客への営業活動・関係構築を行う ・XXX ・XXX ・XXX ※その他、ミッションを遂行する上で必要となる想定外の事態にも対応する
主要なKPI	・予算達成額・達成率 ・XXX ・XXX

■必要な知識・スキル・経験等

	必須条件	任意条件
知識・スキル・経験	・法人営業部門におけるソリューション営業の経験 ・金融各業界に関する知識 ・チームマネジメント経験	XXX
その他要件	XXX	XXX

件費が決まる仕組みであり、結果として総額人件費が管理しやすくなります。ただし、ポジション数を厳格に管理できなければ、人件費はコントロールできませんので、注意が必要です。

③不要な職務の抑制のしやすさ

　空席ポジションを起点に適任者をアサインする考え方であり、職能資格制度・役割等級制度と比較して上位ポジションへの変更が限定的

になります。また、事業計画上の必要性に応じて組織設計を定期的に見直すことを怠らなければ、不要ポジションを創出させることはありません。

(2)デメリット

①配置転換のしにくさ

異動後のポジションの職務価値に応じ賃金が改定されるため、頻繁な配置転換が難しいという特徴があります。柔軟な異動運用ができなくなることを懸念して職務等級の導入に躊躇(ちゅうちょ)する企業が多いと聞きます。その一方で、ジョブ型雇用の人材マネジメントを志す企業では、「会社主導のジョブローテーションを原則行わない」という運用方針に切り替える場合もあります。

②本人視点での昇格機会の限定

職務等級制度はそもそも「昇格ありき」の仕組みではありません。個人のパフォーマンスにかかわらず、空席ポジションがないと上位役職への職務変更をしない仕組みであり、能力面では順調に昇格できる人材が、組織の状況次第では「昇格のチャンスがない」という事態に陥るケースもあります。

③メンテナンスのしにくさ

職務評価やジョブディスクリプション整備のノウハウが必要であり、メンテナンスの難易度が高いという特徴があります。事業計画の変更に合わせて大規模なメンテナンスをする場合は、人事部門・事業部門で連携して取り組む必要があり、そのためのリソースや体制を整える必要があります。

5 役割等級制度

最後に紹介する役割等級制度は、各人が担う業務遂行上・組織運営上

の「役割」の大きさ・重要度を、企業が定める定義・基準に照らして格付けをする仕組みです。役割等級制度は、職能資格制度と職務等級制度の中間の性質を持っています。1990年代以降の成果主義人事制度ブーム以降、一足飛びに欧米型の人事制度（＝職務等級制度）を取り込むことが難しい企業を中心に導入されてきました。別の表現をすれば、メンバーシップ型雇用を維持したまま成果主義の人事観を組み込む手段として普及した、ともいえるでしょう。

　役割等級制度は職務による格付けに近い仕組みではありますが、「現任者が役割（の価値）を拡大することができる」「達成状況も含めて処遇に反映することができる」という特徴を持ち、属人的な判断要素も加わります。また通常、役割の要件は「企業理念・経営ビジョンの落とし込み」のプロセスを経て定義されるので、経営メッセージと人事制度のリンクのしやすさも特徴です。

[1]役割等級制度の枠組み

　役割等級制度を理解する上で最も重要かつ難解なのは、格付けの基準となる「役割」の概念や性質をつかむことです。一般用語の「役割」は素直に英訳すると "role" であり、「（社会集団などで）割り当てられた役目」と解釈することができます。一方で、人事制度上の役割の概念は英単語でいえば "mission" のニュアンスに近く、一般化して1行で定義することは困難です。したがって、本書でも［図表2-10］に掲げる①～⑤の視点に分けて、「役割」の持つ性質を多面的に説明します。

　まず、役割とは「①企業理念やビジョンを社員の業務行動としてブレークダウンしたもの」といえます。企業の存在意義や目指す姿、組織の価値意識にのっとった仕事の遂行姿勢を「期待する役割」としてモデル化し、それに沿った行動ができている社員を厚遇します。そのため、等級制度における「役割」は、社員の業務遂行のベクトルを合わせる行動規範としての性質を持ちます。

[図表2-10] 人事制度における「役割」の持つ性質

①	企業理念やビジョンを社員の業務行動としてブレークダウンしたもの
②	企業の事業戦略や業務計画を達成する上で社員に求める重要事項を階層別・職種別に具体化したもの
③	能力基準と職務基準の中間の基準として柔軟に位置づけられるもの
④	短期の業績達成責任だけでなく、中長期の業績貢献や組織基盤づくりへの期待も織り込んで形成されるもの
⑤	ポジション担当者の活動のフィードバックを受けて、拡大（または縮小）する場合があるもの

　次に、役割とは「②企業の事業戦略や業務計画を達成する上で社員に求める重要事項を階層別・職種別に具体化したもの」ともいえます。企業の成長に必要な業績達成や人材育成等の責任を明確にし、経営からの期待として社員へ伝達します。その際、社員の立場に応じた期待を示すため、コース別・等級階層別（場合により職種別）の期待値を明確にします。当然、業種業態や事業戦略が違えば社員に求める重要事項が異なるので、役割の定義は企業別に固有のものとなります。

　また、役割は「③能力基準と職務基準の中間の基準として柔軟に位置づけられるもの」といえます。役割等級制度では、人の能力ではなく仕事の遂行度のレベルにより格付けをしますが、職務等級制度のようにポジションを評価するのではなく、役割を担う個人を評価します。また、管理職層は役職の任用状況を基に「職務基準寄りの昇格判断」をすることが多い中、一般社員層は「能力習熟を加味した昇格判断」をする場合もあり、「役割」そのものの捉え方に解釈の柔軟性があります。

　次に、役割は「④短期の業績達成責任だけでなく、中長期の業績貢献や組織基盤づくりへの期待も織り込んで形成されるもの」です。経営か

らの期待として数値的成果だけが求められるわけではなく、成果に至る
プロセス（成果創出に対して再現性のある行動）も、役割として要件化
されます。プロセスの期待を果たせていれば、今は目に見える成果が出
ていなくても将来の成果創出につながります。企業としてプロセスの役
割を定義し、それに対して貢献できる社員を厚遇するのは、その意味で
合理的といえます。

　最後に、役割は「⑤ポジション担当者の活動のフィードバックを受け
て、拡大（または縮小）する場合があるもの」です。職務等級制度はポ
ジションが同じであれば原則的にジョブグレードの変更はありませんが、
役割等級制度は現職者が貢献して役割を拡大すれば、同じポジションの
まま昇格できるような設計も可能です。

　ここまで「役割」の特徴や性質を説明してきましたが、役割等級の階
層化に当たっては複雑に考える必要はなく、「社員の業務遂行レベルに
明確な線引きができるように階層を区分する」というシンプルな見地に
立てばよいでしょう。逆にいえば、役割等級の階層は業務遂行レベルに
基づく設計であることが必須です。例えば、入社4年目でも7年目でも、
両者が同じ業務遂行レベルであれば、原則は同じ役割等級となります。
そのため、職能資格制度よりも等級階層数が少ないことが多く、大企業
であっても、管理職層では3〜4階層、一般社員層では4〜5階層など
で設計する例が多く見られます。

　また、役割等級の呼称は「M1、M2、G1、G2…」など、アルファベッ
トと数字の組み合わせを活用する企業が多く見られます。ここでいうM
は「management」、Gは「general」などの頭文字であり、コース・職
群に期待される働き方を表現しています。

[2]役割等級制度と役職任用

　役割等級制度における等級と役職任用の関係は、管理職層と一般社員
層に分けて説明します。

(1) 管理職層

　まず、管理職層の役割等級は役職の高さに紐づく形で設計されることが通常です。具体的には、本部長クラスであればM3、部長クラスであればM2、課長クラスであればM1というように、等級階層と役職層が一致する仕組みが多く見られます（[図表2-11]左図）。この考え方は、職種によりさまざまな役割の違いがあったとしても、同一の役職層であれば同程度の貢献の期待値が求められている、という前提に立っています。

　この場合、ある課長が部長に昇進すれば昇格を伴い、その後、部長から課長に配置転換になれば降格を伴います。この点が降格運用を前提としない職能資格制度の運用との大きな違いです。なお「部長"クラス"」「課長"クラス"」と表現しているのは、部長・支店長・工場長・室長な

[図表2-11] 役割等級と役職層の対応関係

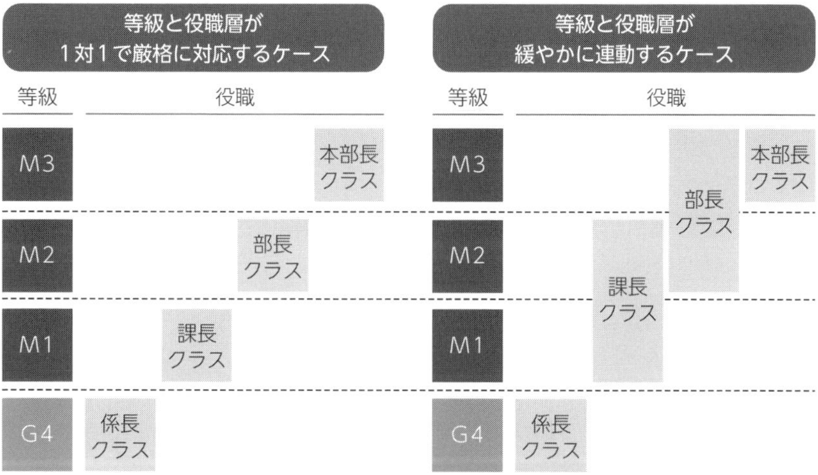

役職層	対応役職
本部長クラス	本部長・副本部長
部長クラス	部長・支店長・工場長・室長
課長クラス	課長・営業所長・部長付（役職なし）
係長クラス	係長・グループ長

ど、それぞれの役職層と同格の役職の人材も格付けできるようにするためです。もし、それよりも低い役職に移る場合やポストオフで役職を外れる際は、役職層に対応する下位等級に降格となるのが原則的な考え方です。部長からポストオフした人材が、「部長クラス」として同じ等級のままプレーヤー業務に従事している企業もあるようですが、これは本来的な役割等級の運用ではありません。

　一方で、企業によっては職能資格制度の資格と役職の関係のように、等級と役職が緩やかに連動する場合もあります（[図表2-11]右図）。これは一つの役職層（例えば課長クラス）に対応する等級が多層的になっているためで、原理原則的な役割等級制度とはいえないかもしれません。しかしながら、上位役職への抜擢や高難度ポジションの優遇等がしやすいため、柔軟な運用に配慮した仕組みであるといえます。

　例えば、[図表2-11]右図のM3には「本部長」の肩書がついている人材と、「部長」の肩書がついている人材を両者ともに格付けることが可能です。この場合、M2に格付けられる部長は自社内で平均的なレベルの役割を担い、M3に格付けられる部長は自社の部長層の中で相対的に大きい役割を担う人材、ということになります。また、役職が変更になる場合、その等級に対応する役職層であれば同一の役割等級のままで担うこともできますが、その範囲外の役職に任用する場合は昇格（降格）することが原則です。

(2) 一般社員層

　次に一般社員層の役割等級設計の考え方です。一般社員の上位層（監督職）の役割等級は、係長・主任などの役職に応じて設定すると分かりやすいですが、それ以下の実務を担う人材層は役職による階層化ができませんので、担当業務の遂行レベルによって等級を区分するケースが通常です。

　例えば、下の階層から「上位者に指示を仰ぎながら業務遂行をするレベル」→「自主的に業務遂行をするレベル」→「工夫・応用しながら業務遂行をするレベル」といった具合です。この区分方法は職能資格制度

と大きな違いはありませんが、役割等級の要件では「〜ができる」状態ではなく実際に「〜をしている」状態が求められるため、仕事ぶりに応じて厳格に昇格運用を実施する例が多く見られます。

　なお、役割等級と役職は連動しますので、職能資格制度のように、資格要件を満たした人材に役職を付与する考え方ではなく、「今よりも高い役職を担うことができるから役割等級も昇格する」という考え方が基本です。仕事を基準に人材を格付ける点は職務等級と共通していますが、「個々のポジションを起点に厳格に格付けを判断するのではなく、役割を担う人材のパフォーマンスを加味して等級を決定する」という点が運用方法として異なります。

[3]役割等級制度における要件定義

　職能資格制度には「職能資格基準書」があるように、役割等級の各レベルに期待される要件は「役割基準書」として整理します。企業によっては「役割要件書」「役割定義書」などと表現する場合もあります。前述のとおり、役割基準書は各企業が社員に求める重要事項を落とし込んで作成するものなので、おのずと各企業でオリジナルの内容が出来上がります。各等級の定義には、業務遂行に求められる行動や社員自身に発揮を期待する行動が記載されます。また、等級のレベルアップに比例して期待事項の難易度も上がる仕組みになっています。

　要件定義の様式も各社各様で、組織横断・職種共通の基準を設けるケースもあれば、部署別・職種別に基準を設けるケースもあります。前者は同じ等級の社員が共通的に果たすべき役割を示すもので、職種にかかわらず人事評価や処遇を決定する上での期待レベルをシンプルに提示します。後者は職種に応じた実務の内容を踏まえて期待する役割を示すもので、職務等級制度におけるジョブディスクリプションに近いものになります。また、基本的な階層別の要件定義のほか、業務改善・人材育成等の貢献の視点を分割したマトリクスで要件化するケースもあります

[図表2-12] 役割等級制度における要件定義（マトリクス型）のイメージ

等級	階層別役割基準	貢献の視点				
		課題設定	業務遂行	業務改善	人材育成	……
M3	……………………………	XXX	XXX	XXX	XXX	XXX
M2	……………………………	XXX	XXX	XXX	XXX	XXX
M1	チームリーダーとして方針を策定し、所管業務のマネジメント・生産性改善、部下の育成・動機づけ、リスク管理を行う	外部環境の変化や自組織の方針に則して、チームで取り組むべき目標や運営方針を明確化する	チームの円滑な業務遂行のために部下の業務進捗をフォローしつつ、重要度が高い案件を遂行する	所管業務の枠組みや遂行方法を見直し、解決策を検討・推進の上、チームの生産性改善を行う	教育計画や日常のマネジメントを通して、部下個々人の適性や能力に応じた育成・動機づけを行う	XXX
G4	……………………………	XXX	XXX	XXX	XXX	XXX
G3	……………………………	XXX	XXX	XXX	XXX	XXX
G2	……………………………	XXX	XXX	XXX	XXX	XXX
G1	……………………………	XXX	XXX	XXX	XXX	XXX

[図表2-12]。役割基準書の具体的な作成方法については、第4章で解説していきます。

[4]役割等級制度のメリット・デメリット

前節までで職能資格制度・職務等級制度のメリット・デメリットを説明しましたが、[図表2-13]はその内容に役割等級制度も含めて特徴を比較しています。職能資格制度のデメリットとして説明した「貢献と処遇の不一致」「総額人件費管理のしにくさ」「不要な職務の抑制の難しさ」、職務等級制度で説明した「配置転換のしにくさ」「本人視点での昇格機会の限定」「メンテナンスのしにくさ」は、役割等級制度を適用する場合には改善・緩和されます。このように、役割等級制度は、これま

[図表2-13] 各等級制度の特徴（まとめ）

等級制度分類	職能資格制度	役割等級制度	職務等級制度
等級格付けの考え方	「能力（ヒト）」が基準 個人の職務遂行能力で等級が決定（原則、降格がない）	「役割」が基準 個人の役割の大きさで等級が決定（降格の仕組みあり）	「仕事（イス）」が基準 あらかじめ定められた個々のポジションの職務価値によって等級が決定
①貢献と処遇の一致	△曖昧かつ恣意的な等級判断に陥りやすい	○貢献度による処遇が可能。職務等級比でやや曖昧な等級判断となる	◎現在ポジションの職務価値と等級が厳密に連動
②総額人件費管理	△年功的運用に陥りやすい	○総額人件費管理が可能。ただし、やや年功的運用に陥る危険あり	◎総額人件費管理が容易。年功的運用を払拭できる
③不要な職務の抑制	△能力基準で半自動的に昇格が起こり、不要ポストが増えやすい	○昇格調整が可能。ただし厳格に運用しなければ不要ポストが増える	◎不要職務の創出や当該ポジションへの昇格が抑制される
④円滑な配置転換	◎異動による等級変更は伴わないため柔軟なローテーション運用がしやすい	○異動前後の役割を考慮の上、運用で工夫すればローテーション可能	△異動後の職務に応じ賃金改定されるため頻繁なローテーションが難しい
⑤昇格機会（本人視点）	◎本人の能力向上によって昇格可能	○本人のパフォーマンス（役割拡大）によって昇格可能	△パフォーマンスにかかわらず空席ポジションがないと職務変更ができない
⑥メンテナンスのしやすさ	◎メンテナンス・運用が容易	○役割基準の見直しなど、運用力がある程度要求される	△職務評価実施のノウハウ・体制が必要でありメンテナンスが難しい

で紹介したそれぞれの項目について大きな欠点がない中庸な等級制度です。それゆえに、運用面のデメリットが発生することを懸念する企業に、

フィットしやすい等級制度であるといえます。

　逆にいえば、役割等級制度は万能なように見えて、相対的にとがった特長がない仕組みともいえます。職能資格制度から役割等級制度に改定する際は、制度導入の理念に沿って厳格に運用しなければ「貢献と処遇の一致」などの期待効果が得られない（年功的な運用に陥る）ケースもあります。そのため、組織変革に際して大きな変化が必要な状況であれば、役割等級制度ではなく職務等級制度を選択するほうが効果的な場合もあります。

6　ポリシーミックスの等級制度

　前節までで各等級制度の類型とそれぞれの特徴について述べてきました。本章の冒頭で、同一の企業内で複数の等級制度を適用するポリシーミックスの等級制度について触れましたが、代表的なパターンを［図表2-14、15］で示します。

①管理職層と一般社員層で等級制度を区別するパターン

　　最も典型的なものは、管理職層と一般社員層で等級制度のポリシーを区別する考え方です。管理職層の制度に成果主義を導入する中、一般社員層は能力主義を維持する場合に、［図表2-14］（左図）のような、「管理職層→役割基準、一般社員層→能力基準」の制度を採用することになります。他の例としては、役割等級制度を導入している企業に職務等級制度を導入するケースでは、改革の優先度から管理職層のみに導入することも多く、その場合は「管理職層→職務基準、一般社員層→役割基準」という制度設計になります。

　　また、労働組合との制度改定の合意に時間がかかる企業では、通常、管理職層から先行して制度改定を実施しますが、最終的に目指す姿は単一の役割等級制度や職務等級制度であっても、経過として職能資格

[図表2-14] ポリシーミックスの等級制度（代表的なパターン①②）

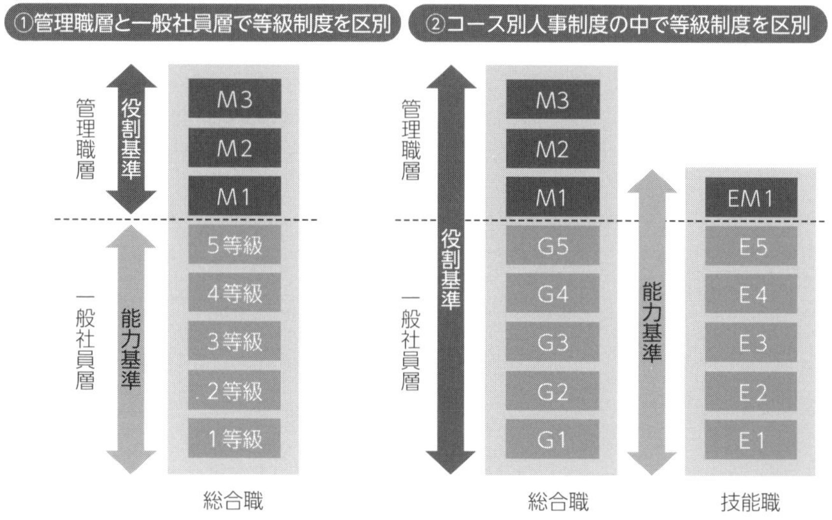

①管理職層と一般社員層で等級制度を区別　②コース別人事制度の中で等級制度を区別

制度を含むポリシーミックスの制度を採用している例も少なくありません。

②コース別人事制度の中で等級制度を区別するパターン

　　現業部門を持つ製造業等では、総合職の系統と技能職の系統とで制度ポリシーを区別する場合があります。例えば、[図表2-14]（右図）のように、安定的なオペレーションを求める技能職は能力基準で処遇しながら、環境変化に即した付加価値の創出を求める総合職には役割基準の制度を適用するケースです。

　　また、基本的な制度の骨格は役割等級制度としながら、社外からの人材採用のために特定の専門職種のみ職務基準で処遇する企業も増えています。これらの方法は企業内で人材区分に応じた複数の人事制度を抱えることになるため運用が煩雑になりますが、それぞれの職掌や職種の性質に適合した人材マネジメントが期待できます。

③同一対象層に2種類の等級制度を併用するパターン

　　従来の能力基準を維持しながら部分的に職務基準の評価・処遇を行

③同一対象層に2種類の等級制度を併用

職能資格等級

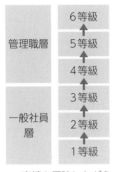

職務等級

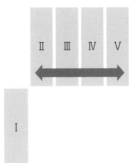

	対応ポジション
V	▲▲本部長　▽▽部長…
Ⅳ	□□支社長　○○部長…
Ⅲ	ＸＸ部長　○○課長…
Ⅱ	ＸＸ課長　◇◇課長…
Ⅰ	すべての一般社員ポジション

- 実績を反映しながら数年おきに昇格
- 原則降格はしない

- ポジションの任免により格付け変更
- 解任により下位等級に変更になるケースもある

いたい場合など、［図表2-15］のようなダブルラダーの等級制度を導入するパターンがあります。この場合、同一の対象層に対する人事観として能力主義と成果主義が混在することになり、経営が人事制度を通して社員に伝えるメッセージが中途半端になってしまう懸念があるでしょう。一方で、原則的に降格をしない職能資格制度を併用することで社員に安心感を与えつつ、職務等級制度のポジション変更は厳格に運用しやすいというメリットがあります。

昨今の事業環境の変化速度や不確実性に対応する上で、人材ポートフォリオ（事業戦略の実現に必要な人材の構成）を整備して、それぞれの人材区分に最適な人材マネジメントを実践する必要性が増しています。上記ではオーソドックスなパターンを説明しましたが、時代の趨勢からもポリシーミックスの等級制度が、競争優位の人材マネジメントを実現するための有効な処方箋になり得ます。

7 等級制度の基軸と報酬制度

　ここまで企業の人事観を人材マネジメントで具現化するために等級制度の基軸の選択が重要であることを説明してきましたが、選択する等級制度によって報酬制度の設計・運用方法が大きく変わります。特に、月例給のうち基本給（および役付手当）については、等級制度と強い結び付きがあります。本書は等級制度がメインテーマなので細部の技術的な解説までは触れませんが、それぞれの等級制度に呼応する報酬制度の設計について概括します。なお、報酬制度は景気動向や業界慣習、企業の収益力、採用需給、労使関係等の影響を受ける複雑な仕組みでもあるため、「この等級制度であれば、必ずこのタイプの報酬制度にしなくてはいけない」という決まりがあるわけではない点に留意してください。

　それぞれの等級制度について説明する前段として、［図表2-16］に基本給の主要な支給分類を簡潔に整理しています。

[1]職能資格制度の基本給

　職能資格制度は「職能給」によって能力主義の報酬支給を実現します。他に、「能力給」等の名称を用いる場合もあります。基本給のうち100％を職能給によって支払うケースもあれば、年齢給や勤続給と併用するケースもあります。ただし、近年では年齢給・勤続給を廃止（職能給に統合）する企業や、その支給割合を減らす企業が増えています。

　職能給の支給額は、［図表2-17］のようなテーブルの昇給表（段階号俸表）で決定するケースが典型的です。それぞれの職能資格に対して号俸ごとの金額が定義されています。昇号による定期昇給があるため、人事評価が芳しくなくても報酬水準が下がることは通常ありません。

　職能資格制度を採用する企業では、年齢に応じた「賃金カーブ」を意識して基本給の運用をするケースがほとんどです。そのため、経営から

[図表2-16] 基本給の主要な支給分類

基本給の種類	典型的な支給ルールの概要	役付手当との併給
年齢給・勤続給	■ 年数経過とともに積み上がる昇給テーブルにより決定 ■ 一定の年齢・年数で昇給停止することもある	あり
職能給	■ 職能資格等級ごとに昇給テーブルがあり、基本的には経年の能力習熟とともに昇給する ■ 段階号俸表による昇給管理が主流（昇給上限が決まっている場合、決まっていない場合が見られる）	
役割給	■ 役割等級ごとに報酬範囲（あるいは単一額）が定められている ■ 習熟昇給の有無などさまざまな設計パターンがあり、昇給だけではなく、降給の仕組みを持つケースもある	原則なし（設計による）
職務給	■ 職務等級ごとに報酬範囲（あるいは単一額）が定められている ■ 報酬決定に当たり、しばしば外部労働市場の報酬水準が参考にされる ■ ポジションが変わるたびに原則報酬水準が変わる	なし

見ても、社員から見ても、将来賃金の予測性が高い仕組みになります。経年で総額人件費が上がりやすい仕組みではあるのですが、安定的で予測がしやすいという点は、一つのメリットといえるでしょう。

なお、能力主義の本質である「社員の能力により処遇差を設ける」要素は、人事評価によって実現されます。職能給の昇給額（号俸の進み方）に人事評価の結果を反映するパターンや、職能給の外枠で「評価給」等の枠組みを設け、加算的に評価昇給を支給するパターンがあります。また、昇格時には「昇格昇給」があり、通常時より金額が大きい特別昇給が職能給に加算されます。

職能資格制度において、役付手当は基本給の体系から独立しており、役職に就く人材にはそれぞれの役職の高さに対応する手当額が支給されます。職能資格制度では、同一等級内に異なる役職の人材が混在するた

[図表2-17] 段階号俸表のイメージ

あらかじめ定めた号俸表に従い、評価結果に応じて昇給する仕組み（※金額はイメージ）

2等級

号俸	基本給（円）
1	220,000
2	221,500
3	223,000
4	224,500
5	226,000
6	227,500
7	229,000
8	230,500
…	……

→昇格→

3等級

号俸	基本給（円）
1	240,000
2	241,500
3	243,000
4	244,500
5	246,000
6	247,500
7	249,000
8	250,500
…	……

→昇格→

4等級

号俸	基本給（円）
1	260,000
2	262,000
3	264,000
4	266,000
5	268,000
6	270,000
7	272,000
8	274,000
…	……

昇号ルール

S A B C

S評価　5号俸
A評価　4号俸
B評価　3号俸
C評価　2号俸

め、「資格等級に対応する職能給はほぼ共通の水準」であっても、「役職に対応する役付手当で報酬水準に差が生じる」仕組みになります。

[2] 役割等級制度の基本給

　役割等級制度では、年齢給・勤続給といった属人的な賃金要素を廃止して、等級に連動した「役割給」といった呼称の基本給を設けるケースが主流です。「成果給」「役割成果給」などと表現する場合もあります。

　役割給は同一の役割であれば同一の水準帯であり、「役割等級が上がれば現在の等級よりも賃金が高くなる」ことが原則的な考え方です。また、役割等級のランクに応じて賃金水準の上限・下限範囲（レンジレート）が設定されています。レンジレートの設計は、隣接する役割等級との水準の重なり方によって、「重複型」「接続型」「階差型」とパターンがあり、階差型のほうがより貢献と処遇の一致を実現する仕組みになります（[図表2-18] 上図）。

　役割等級制度における昇給の方法は各社各様であり、職能給のように毎年累積する昇給方法もありますが、人事評価結果によって昇給だけで

[図表2-18] 基本給レンジの設計パターン

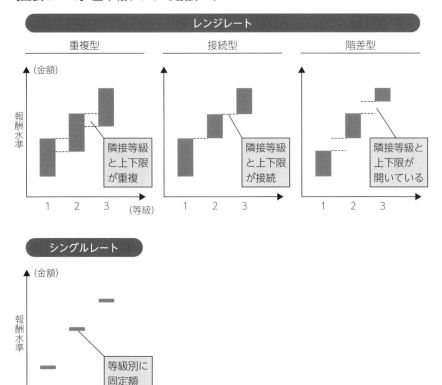

なく昇給停止や降給とするルールを設ける企業も少なくありません。い
ずれにせよ、同一等級において基本給レンジの上限に到達した社員は昇
給が停止される仕組みであり、「昇給が"頭打ち"になる前に上位の役割
等級への昇格を促す」というメッセージとなります。また、本部長・部
長などの上級管理職の階層を中心に、同一等級であれば基本給が定額と
なる「シングルレート」で役割給を支給するケースもあります（[図表
2-18] 下図）。

　なお管理職層の等級と役職層が1対1で厳格に対応する役割等級制度
では、役職序列の概念が役割給にも包含されるため、役付手当は不要です。

上記が原則的な考え方である一方、同一等級において課長・部長など複数の役職が任用される制度では、役割給とは別途、役職の責任による賃金差を設ける場合もあります（前掲［図表2-11］の「等級と役職層が緩やかに連動するケース」に該当）。そのため、この場合は課長手当・部長手当等の役付手当を併給することになります。

[3]職務等級制度の基本給

職務等級制度では、一般に基本給として「職務給」（または「グレード給」など）を支給します。職務等級そのものが「職責の大きさ・難易度」を表しているため、職務給と役付手当との併給はありません。

職務給の水準は職務等級のランクにより定められるのが通常です。職務給といえば、例えば「Ⅳグレードであれば○万円」と、ポジションにより固定の金額が支給されるシングルレートのイメージがあるかもしれませんが、レンジレートの中で昇給をするケースも多くあります。職務給はポジションを起点に支払う給与のため、「個人の業務習熟に伴う昇給」という考え方ではありませんが、業績貢献・組織貢献への動機づけの観点で、個人の業績評価により昇給を行います。ただし、職務等級に対応する標準的な水準が決められており、その水準を超えて長期に滞留する人材は、昇給が鈍化（または停止）する仕組みとなる設計が多く見られます。

なお、ジョブ型人材マネジメントの一環で職務等級制度を導入する場合、職種に応じて外部労働市場の水準を参照して報酬を設定する必要が生じます。具体的には報酬サーベイ等の外部情報を活用し、職務給の水準を定期的に見直すことが必要です。また、ジョブ型人材マネジメントは事業部門に人事運用の権限の多くを委譲する考え方に立つので、昇給額は人事が主導で決めるのではなく、事業部門の裁量で決定するケースも見られます。

もう一点、職務給の運用上の大きな特徴は、社員のポジション変更に

際して職務等級が変わるたびに、役付手当のように支給額も変更になるということです。ポジション変更により下位グレードになる場合は、職務給が下がり「降給」となります。そのため、本来的ではありませんが、柔軟な異動運用を行うために、下位グレードに下がる場合に激変緩和措置として調整手当を支給する場合もあります。

[4]等級の基軸と手当・賞与の関係

　ここまで述べてきたとおり、等級制度の基軸の選択は、基本給の支給方式に対して最も強い影響を与えます。加えて、①諸手当、②賞与の支給枠組みも等級制度の違いによる一定の差がありますので、[図表2-19]を中心に簡単に解説します。ただし、あくまで各等級制度に理論として結び付きやすい傾向を模式化しているものであり、現実の企業で採用している仕組みはさまざまです。必ずしもすべての企業に[図表2-19]の内容が当てはまるわけではないので、以下の説明と併せてご確認ください。

(1)諸手当

　家族手当・住宅手当などの生活関連諸手当は、メンバーシップ型雇用の特徴でもあり、職能資格制度では基本給を補完するものとして諸手当を支給するケースが多く見られます。他方、仕事に応じて報酬を支給する役割等級制度・職務等級制度の場合、原則としては属人的な手当を支給しないほうが制度ポリシーに合致するといえます。

　ただし、職能資格制度においても手当を最小限にスリム化するケースも多く、逆に職務等級制度であっても人材のリテンションの観点から住宅手当などの生活関連手当を支給する場合もあります。等級制度の違いによる傾向差はありますが、「人材採用やエンゲージメント向上において重要な手当は支給し、不要な手当は設定しないほうが良い」というのが、人材マネジメントをする上での原則的な考え方といえるでしょう。

[図表2-19] 等級の基軸に応じた諸手当・賞与の考え方

等級制度分類	職能資格制度	役割等級制度	職務等級制度
等級格付けの考え方	「能力(ヒト)」が基準 個人の職務遂行能力で等級が決定	「役割」が基準 個人の役割の大きさで等級が決定	「仕事(イス)」が基準 あらかじめ定められた個々のポジションの職務価値によって等級が決定
諸手当	属人手当の支給を許容		属人手当の支給を極力排除
賞与	月数方式など基本給に連動する賞与	評価別テーブル方式など成果を反映した賞与	
	全社一律の原資決定	事業別の原資決定（組織業績連動賞与の導入）	
	人事部門による決定	事業部門による決定裁量あり	

(2) 賞与

　賞与制度は基本給と比べて設計の自由度が高いため、支給方法は企業により千差万別です。傾向をいえば、伝統的な職能資格制度を運用する企業では、「生活保障」の意味合いから基本給に連動する賞与支給方式が多く見られます。具体的には、職能給と役付手当を算定基礎に、標準支給月数（または評価係数）を掛けて支給をする「月数方式」のパターンです（[図表2-20] 左図）。月数方式の特徴としては、職能給が算定基礎の主要部分を占めるため、同じ資格等級の人材同士であれば、在籍年数が長い社員ほど職能給が大きく、連動して賞与額も増える傾向があります。

　一方で、役割等級制度・職務等級制度では、等級制度のランクに支給額が直接連動する「評価別テーブル方式」が主流です。[図表2-20]（右図）のように等級別に定められた標準金額に対して、人事評価ランクに

[図表2-20] 賞与の支給方式

月数方式		
※係数は一例		

基本給＋役付手当 × 標準支給月数

または

基本給＋役付手当 × 標準支給月数 × 評価係数

〈評価係数〉

S	A	B	C	D
1.2	1.1	1.0	0.9	0.8

※同一の等級内であっても、個人の基本給（＋役付手当）の多寡に応じて賞与額が変動する

評価別テーブル方式				
※階層・係数は一例				

		人事評価ランク				
		S	A	B	C	D
		標準額×120%	標準額×110%	標準額(100%)	標準額×90%	標準額×80%
等級	G4	￥XX	￥XX	￥XX	￥XX	￥XX
	G3	￥XX	￥XX	￥XX	￥XX	￥XX
	G2	￥XX	￥XX	￥XX	￥XX	￥XX
	G1	￥XX	￥XX	￥XX	￥XX	￥XX

※各等級の標準額は、同一の等級における個人の基本給の多寡にかかわらず定額

応じた係数を掛ける仕組みです。評価別テーブル方式では基本給を算定基礎にしないため、同一等級の中での経験年数の差が支給額に反映されない仕組みになります。そのため、役割等級制度では在籍等級の役割の期待を上回る場合に（職務等級制度ではポジションに対する期待を上回る場合に）、人事評価を経て当該等級の標準額以上の賞与が支給されます。また、職務等級制度では賞与支給に画一的なルールを設けず、事業部門のマネージャーに決定を委ねる場合もあります。その際、事業収益と報酬の連動性を強化する目的で、組織別の業績連動賞与を導入するケースも見られます。

8　等級制度の基軸と人事評価・人材育成制度

　本章の結びとして、等級の基軸と人事評価制度、人材育成制度の関係についても触れておきます。

[1] 等級の基軸と人事評価制度の関係

第1章で述べたとおり、等級制度は「期待値設定のものさし」として機能します。それゆえに各等級制度で定められた等級別の要件は、人事評価制度の期待基準（仕事に求められるハードルの高さ）として活用されます。

(1) 職能資格制度と人事評価制度

職能資格制度は社員に求める能力を基に職能資格基準（および職能要件）を定めています。そのため、職能資格制度の人事評価は各資格等級で定められた能力要件に対して、業務遂行ができているかを中心に判断します。

伝統的な運用では、「能力考課」と「業績考課」に分かれている仕組みが主流です（職能資格制度では通常、「人事評価」を「考課」と表現します）。能力考課は能力発揮の度合いと今後の業務遂行に必要な能力伸長を測るものとして、昇給と昇格の判断材料となります。業績考課は一定期間中の業績貢献の結果を測るものとして、主に賞与額決定の判断材料となります。業績考課は仕事の量や質の貢献度を測るものですが、そのための手段として目標管理制度（MBO）を導入している企業も多く、大企業を中心に「業績考課＝目標管理制度」という枠組みが一般化されています。

日本企業で目標管理制度が浸透し始めたのは不況下の1990年代以降であり、各企業とも、それ以前から定着していた職能資格制度の人事評価運用を補完する目的で実装しています。つまり、職能資格制度の歴史においては「成果主義の波で後からやってきた目標管理の仕組みを組み込んだ」といってもよいでしょう。

(2) 役割等級制度と人事評価制度

役割等級制度の人事評価は、各企業の「役割」の捉え方によって多様な設計が可能ですが、多くの場合、「業績評価」と「行動評価」（「プロセス評価」など、企業により呼称の違いあり）で構成されます。役割等

級制度における業績評価も目標管理制度の運用が大多数を占め、経営計画・部門計画と役割等級別の期待値を基に各個人の目標設定を行い、その達成度に応じて評価をします。行動評価では、「役割基準書の期待要件に則した行動ができているか」を測定します。行動評価に当たり、職種に応じて優れた成果を出す上で求められる行動特性を抽出し、職種別に異なる人事評価基準を活用する場合もあります。そのほうが期待事項の明確化や人材育成の促進につながるためです。

(3)職務等級制度と人事評価制度

　職務等級制度は、原則的には職務評価の結果（ポジション自体の評価）に基づき処遇が決まる仕組みです。そのため、職務給決定の観点だけで考えれば、人事評価（人材の能力・行動の評価）を年次で行い、A評価・B評価・C評価とレーティングする必要がないともいえます。ただし、賞与支給額の判断根拠やポジションの任免、人材育成の目的で有用性がありますので、実際には職務等級制度であっても、人事評価を実施する企業のほうが多いと推測します。職務等級制度における目標管理では、ジョブディスクリプションに定められた各ポジションの職責やKPI（Key Performance Indicator）を踏まえて各人の年度目標を設定し、その達成度を評価します。加えて定性評価を実施する場合、当該ポジションの遂行に重要な行動を抽出して評価するのが一般的です。

　また、ジョブ型人材マネジメントを目指すのであれば、マーケット・バリューの高い人材を厚遇するために、評価運用の考え方やルールを工夫する必要があります。例えば、「評価ランクの相対化をせずジョブディスクリプションの遂行度に基づく絶対評価で処遇を決定すること」や、「フィードバックを充実させるために360度評価を導入すること」などが考えられます。また、目標達成への動機づけや自律的な成長の支援のため、1on1ミーティングやOKR（Objectives and Key Results）の仕組みを導入する企業も、にわかに増えてきています。ただし、ここで紹介した諸施策は職務等級制度でなくても採用し得るものであり、等級制度の

類型にかかわらず、人材開発や組織活性化の目的に沿って運用の見直しを検討することが有用です。

[2]等級の基軸と人材育成制度の関係

　各社の成長戦略の実現に対して、社員の成長は最も重要な経営課題の一つでしょう。多くの企業では企業理念や人材マネジメントのポリシーの中で、会社として人材育成を大切にすることを標榜しています。これまで説明してきたとおり、等級制度では「自社において、どのような人材が厚遇されるべきか」が具体化されていますので、その内容を踏まえる形で人材育成制度を検討することになります。

(1)職能資格制度と人材育成制度

　職能資格制度は社員の能力に基づく等級制度なので、最も人材育成制度との相性が良いといえます。第1章で、等級制度は「キャリアのものさし」になることを述べましたが、各資格等級やその上位の資格等級に求める能力要件を基に、必要な知識・スキルの棚卸しを行い、研修体系やスキルマップなどで各階層に応じた教育プログラムを明確化します。

(2)役割等級制度と人材育成制度

　役割等級制度においても、基本的には職能資格制度と同様の考え方が当てはまります。役割基準書に定められたレベルで職務遂行ができるように、各役割等級で求める知識・スキルの要件を明確化し、それぞれの対象に必要な教育施策を整理します。また、役割基準書を職種別に作成している場合、「その専門領域において一つ上の等級に上がる準備として何が必要か」を確認する上で、役割基準書が重要な位置づけになります。

(3)職務等級制度と人材育成制度

　職務等級制度では、通常、職務を実施する上で必要な知識・スキル・経験の要件が、ジョブディスクリプションに記載されています。ジョブディスクリプションはキャリア形成の指針として、社内のイントラネット上などに開示される場合もあり、現職とは別のポジションに就きたい

人材は、開示された職務情報を参考に当該ポジションを目指すことになります。

　一方でジョブ型雇用との親和性でいえば、階層別研修などの画一的な教育施策は、「専門性の確立」や「自律的なキャリア形成」の理念とは相いれないものです。人材投資の優先度として、職種横断型の教育よりも専門領域の知識・スキル強化を重視し、事業部門別やポジション別に選択型の教育施策を導入する形が、理想的といえます。また、新たな職務の遂行に必要な知識・スキルを身に付けるための「リスキリング」の取り組みを重視する企業も増えてきています。

第3章

自社にはどのような
制度が適しているか

1 等級制度を見直す必要性

第2章までの知識編では、「等級制度とは何か」「どのような等級制度があるか」を概観しました。第3章以降は設計編と位置づけ、等級制度を改定する場合にどのような検討や取り組みが必要になるかを詳説し、典型的な課題に対する制度実装のパターンについても触れていきます。

第3章は「自社にはどのような制度が適しているか」と題し、制度改定の方向性を決定する上での論点について解説します。第2章で理解を深めていただいた、職能資格制度・役割等級制度・職務等級制度・ポリシーミックスの等級制度のそれぞれの特徴を踏まえて、自社に最適な等級制度のコンセプトを検討していきます。

なお設計編では、企業内で等級制度の見直しを実施する場面を想定して解説しています（実務上は、等級制度単独で制度を見直す状況は少ないため、人事制度全体を改定する状況も想定の上で説明します）。当面は自社の人事制度を変更する予定がない読者の方も、仮に改定することになった場合を想像してお読みください。

この章では初めに、「なぜ等級制度を見直す必要があるのか」ということから考えてみたいと思います。というのも、制度の変更は利点ばかりではないからです。等級制度は組織内の序列を形づくる仕組みであり、等級制度を改定すれば当然報酬制度も変更することとなるため、保守的な組織風土の企業では容易ではない組織変革となります。そして、大規模な改定になるほど、既得権や将来のメリットを享受できなくなる人が増えるため、その一部は改定に対する反対勢力となり、社内で摩擦や軋轢が生じることもあります。

人事制度に限らず、一度その組織に定着した仕組みやルールを改定するには多大な労力が必要です。「どのような制度にするか」の内容以前

に、「既存の制度を改定すること」自体が持つリスクやデメリットも慎重に検討することが求められます。また、人事実務の担当者から見れば、制度変更を進める際の事務作業や調整業務が増えるため、改定の目的に心から納得していない場合には、実務推進のモチベーションを維持しにくいかもしれません。

　そのようなデメリットがある中で、なぜわざわざ等級制度をつくり直す必要があるのでしょうか。自社内でその意義について検討する上で、筆者は以下3点の考察がポイントになると考えます。

> ①経営管理として人材の意欲や成長を重要視するか
> ②企業にとって大切な人材が意欲を持ち、成長しているか
> ③構造を変えることで組織や人材の問題の改善が見込めるか

[1] 経営管理として人材の意欲や成長を重要視するか

　経営管理や業績のマネジメントにおいて、「労働者1人は"1"の働き方でしかない」という見方をするか、「社員は成長し、能力・スキルが高まると"1"が"1.5以上"になる」あるいは「社員がやる気を出すと"1"が"1.5以上"になる」という見方をするかで、経営施策としての人材マネジメント改善の優先度が大きく変わります。

　企業における社員のステータスは、20世紀半ば以降、原始的な「使用者と労働者」の関係から大きく発展してきました。同時に、人事部門に求められる役割は「労働者の就労状況を管理して、給与を支払えばよい」という労働管理が中心の時代ではなくなりました。今日では、企業の発展や戦略の実現に向けて人材を活性化させることが人事部門の使命として認識されている状況であり、そのような背景から人的資源管理（Human Resource Management：人材を経営資源として有効活用するためのマネジメント）や人的資本管理（Human Capital Management：人材を経営の資本として捉え、その価値を最大限に引き出すマネジメント）の考え

方が企業に浸透しつつあります。

　また、前述の原始的な「使用者と労働者」の時代には、「企業内労働者としてのキャリア形成」という概念はありませんでしたが、現代の企業社会では社員に対してキャリアの展望を明示しなければ、大切な人材は就業継続に希望が持てなくなり離職していきます。仮に、経営者個人の考えとして「自社のビジネスモデルでは、社員がいくら頑張っても業績への影響は限定的であるため、人材の意欲や成長を重要視しない」というスタンスを取ったとしても、競合他社との競争原理の観点で人材採用や定着がうまくいかないケースもあるでしょう。新しい人材を採用するにも、通常はコストがかかりますので、その観点からも「人材の意欲や成長を重要視する」前提に立った経営の姿勢が必須になり、その手段として人事制度を見直すことが有用になります。

[2]企業にとって大切な人材が意欲を持ち、成長しているか

　「社員は全員が大事」「人材の価値は等しい」という理念やメッセージを掲げる企業もあり、人格尊重や雇用維持の観点では大切な考え方であると思います。一方で、それぞれの人材が企業の成長戦略の実現にとって重要かどうかについては、個々人の立場や能力によって濃淡があるのが事実でしょう。全社員の働きぶりやパフォーマンスに全く差がないという組織は考えにくく、事業推進や職場を支えるキーパーソンがいるはずです。ここでいう「大切な人材」という表現は、その意味で使用しています。

　「組織や人の問題」は企業の常であり、すべての人材を機械やコンピューターが代替しない限り、問題が発生しないことはありません。そのため組織内に一定の不満があるのは仕方ないことですが、「自社内で大切な人材がきちんと処遇され、意欲を持って働いている状態」を維持することは組織を円滑に運営する上で必須といえます。また、「その人材がしかるべき役割やポジションに就き、成長を実感している状態」を維持す

ることも、持続的に企業価値を向上させる上で重要な観点となります。

　第1章で触れた「貢献と処遇の不一致」「働かない中高年層」「多様性の欠如」などの問題は多くの日本企業で共通していますが、もし、そこに問題を感じる場合は、人事制度改定（特に等級制度）に着目する意義があると思います。現状の人材登用や報酬分配のルールが「大切な人材」にマッチしておらず、意欲喚起や成長の妨げになっている可能性があれば、制度を変更する契機になります。

[3]構造を変えることで組織や人材の問題の改善が見込めるか

　制度の見直しは、人材の意欲喚起や成長実現のポイントになり得る一方で、導入の効果が見込めない場合もあるため慎重な見方をしなければなりません。というのも、成果主義人事制度改革のブーム以来、「人事制度の見直しは組織や人材のあらゆる問題に対して万能である」と誤認され続けてきました。改革の当事者は、熱意を持って社内の改革プロジェクトを推進すれば、大抵の問題は解決できるという錯覚に陥るかもしれませんが、実際は人事制度の構造を変えたからといって、そのように全面的な効果が得られるわけではありません。

　等級制度の変更に当たっては「現状がどのような状態か」「制度を変えることで問題がどれくらい解決しそうか」「人事制度改定以外の施策として必要な打ち手はないか」など、冷静に検証した上で意思決定をする必要があります。例えば、「多様性の欠如」が組織の重要課題であるならば、人事制度改定で処遇方法のみを変更したとしても、社員の多様性や組織の受容度に変化は生まれないかもしれません。そのため、そのような企業では、採用やキャリア形成の施策も含めた複合的な人材マネジメント改革を進めていくことになります。

　また当然ながら、制度改定は現行からの変更・変化が大きくなるほど達成は難しいものになります。期待する効果に対して、改定で生じる副作用が大きい場合はかえって逆効果になることもあります。他社を模倣

した制度改定をして、結果的に組織の問題を解決できなかった例も枚挙にいとまがありません。シビアな見方かもしれませんが、そのような検証を重ねて「それでも期待効果を得るためにやるべき」と答えを見いだしてこそ、社内で制度改定を実施する正当性が生まれます。課題解決の手段として等級制度の見直しを検討する上で見落としがちな観点ですので補足しました。

　前記[1]〜[3]の観点を踏まえ、真に解決が必要な課題（かつ解決し得る課題）がある場合はリスクやデメリットを受け入れてでも、等級制度の改定に踏み込む必要性が高いといえます。以下、制度改定における課題の捉え方やコンセプトを決定する観点について具体的に解説していきます。

2　等級制度のコンセプト検討の概観

　前節に沿って「等級制度を改定する意義がある」と判断した場合、その次に「自社の等級制度はどのような方針で改定すればよいか」を検討する必要があります。つまり、詳細な設計に入る前に大枠のコンセプトを固めることがポイントになります。

　等級制度のコンセプトを検討する上での論点や進め方に"虎の巻"があるわけではないですが、以下のA〜Fの論点について自社の考え方をまとめておくと進めやすいと思います。社内プロジェクトで検討する際は、多様な立場のプロジェクトメンバー同士で一つずつ丁寧に議論することを推奨します。

A：人材マネジメントで「解決すべき課題」を明らかにする

・既に顕在化している問題とその中で「解決すべき課題」は何か

・環境変化や事業展望の中で将来の課題になり得ることはないか

・人事制度で解決したい課題同士のトレードオフはないか

→本章 **3** で詳説します。

B：事業環境・組織環境を考察する

・事業環境からどのような人事制度が適しているか

・組織環境からどのような人事制度が適しているか

・自社の進めたい方向に対してネガティブな環境要因はないか

→本章 **4** で詳説します。

C：社員ニーズを考察する

・組織全体として共通するニーズは何か

・世代別・職種別などで差異があるニーズはないか

・今後採用する人材層のニーズになり得ることはないか

→本章 **5** で詳説します。

D：コース・等級制度の骨格を仮決定する

・コース・職掌の新設や改廃の必要性はないか

・コース間の働き方の差異をどのようにデザインするか

・管理職層／一般社員層それぞれの等級制度の基軸をどうするか

→本章 **6** で詳説します。

E：制度移行のスピード感を検討する

・現人事制度をどのタイミングで切り替えるか

・暫定の移行期間を設けるか

・どのタイミングで最終形の制度に移行するか

→本章 **7** で詳説します。

F：自社で制度改定を進める上で、つまずきそうな点を予測する

・設計において技術的な問題はないか

・導入においてコミュニケーションの問題はないか

・導入後に生じる運用の問題はないか

→本章 **8** で詳説します。

　上記**A**〜**F**の内容を細かく検討し、自社内で制度改定の方向性が固められれば、等級制度の詳細設計作業の準備が整うはずです。なお、人事制度コンセプトの議論は、必ず「行きつ戻りつ」の検討となり、時には迷走・脱線することもありますので、プロジェクトチームで進める際は、検討スケジュールに沿って決定すべき議題を明確化することや、会議の議事録を残しておくことを推奨します。

3　人材マネジメントで「解決すべき課題」の検討

[1]人事の問題の中から「解決すべき課題」を特定

　前節で示した**A**〜**F**のフローに沿って、まずは人材マネジメントで「解決すべき課題」を確認します。当然、その内容は企業を取り巻く環境によってさまざまですが、具体例があると分かりやすいと思いますの

で、以下に日本企業における典型的な問題について列挙します。

①採用・離職の問題

　・新卒採用がうまくいかない

　・社外から有能な人材が採用できない

　・社内の有能な人材を適切に処遇できず離職につながっている

②組織風土の問題

　・キャリアパスが見通しづらく、若手社員に閉塞感（へいそく）がある

　・中高年社員のやる気に個人差がある

　・縦社会で風通しが悪く、社員から自由な発想が生まれにくい

③多様性の問題

　・女性の採用はしているが、女性管理職が少ない

　・社員の多様な就業ニーズに即した仕組みが整っていない

　・60代のシニア人材が活用できていない

④育成の問題

　・経営幹部候補が育たない

　・中間管理職が実務を抱え、マネジメント業務に役割転換できない

　・ゼネラリストは多いが、スペシャリストが社内で育成できていない

⑤人件費の問題

　・社員の高年齢化に伴い人件費が増加している

　・総額人件費をコントロールする仕組みがない

　・事業別の収益性の違いに対して社員の給与が画一的になっている

⑥グループ・グローバル経営の問題

　・グループで画一的な人事制度になっており、各社の事業特性が反映されていない

　・合併等の経緯から、事業会社間で処遇体系がバラバラになっている

　・海外で活躍する人材が輩出できていない

　上記①～⑥で紹介したものは、一見どの企業にも当てはまりそうな問

題ですが、自社で「解決すべき課題」を特定する場合は表面的に判断せず、「事業遂行上、重大な問題であるかどうか」「制度を変えてまで対峙(たいじ)しなければならない問題は何か」を点検します。加えて、それらの問題と人事制度改定との関連性を検証し、対応の優先度を確認することが必要になります（当然、検討すべき問題の範囲は例示の限りではありませんので、各社で分析・抽出してください）。

　また、顕在化している問題から「解決すべき課題」を特定するだけでは、現状への単なる対症療法になってしまいます。経営戦略を起点とする組織のあるべき姿に沿った人材マネジメントの実現に向けて、将来的に課題になり得ることについても併せて検討してください。例えば、「環境変化により近い将来に発生し得る人材面の影響はないか」「未来の事業モデルに沿って、考え方や運用方法を見直すべき点はないか」といった観点で、「解決すべき課題」の視野・時間軸を広く持つことが重要です。

[2]制度改定による期待効果と手段の検討

　その次に、上記で特定した課題に対して、制度改定の期待効果とそのための手段を検討することになります。「解決したい課題」と「制度改定の期待効果」は表裏一体といえます [図表3-1]。そして、改定の期待効果を実現する手段として、その内容に即した等級制度（および報酬制度・人事評価制度）の改定の方向性を検討します。例えば、社外から有能な人材が採用できないのであれば、競合他社に見劣りしない処遇ができるように「専門職の雇用枠組みを設置し、報酬を改善する」ことが考えられます。

　ここで重要なのは、各企業で「解決したい課題」は通常一つだけではないため、解決したい課題同士でのトレードオフが生じる場合があることです。例えば、「中高年社員の人件費が増加して総額人件費を圧迫している」企業においては、「中高年社員のモチベーション維持のため対

[図表3-1] 人材マネジメントで解決したい課題と制度改定の期待効果の例

人材マネジメントで解決したい課題		制度改定の期待効果	期待効果の実現手段	
			人事制度（一例）	その他の施策（一例）
採用・離職	企業の魅力度が低く新卒採用がうまくいかない	採用計画に対する新卒採用者数の充足	初任給および一般社員層の制度の改定	企業ブランディング
	社外から有能な人材が採用できない	優秀なキャリア採用者の確保（質・量の両面）	専門職の雇用枠組み設置・報酬の改善	ジョブ型での人材採用
組織風土	キャリアパスが見えにくく、若手社員に閉塞感がある	キャリアの透明化（特に若手社員）	社員にオープンで自己選択性の高い人事制度	キャリア研修の拡充
	中高年社員のやる気に個人差がある	中高年社員の活性化	メリハリのある処遇ができる人事制度	リスキリング、副業・兼業制度
人件費	社員の高年齢化に伴い人件費が増加している	中高年社員の人件費適正化	定期昇給や昇格管理の見直し	早期退職優遇制度
	年度業績に対して総額人件費をコントロールする仕組みがない	業績連動の報酬管理の実現	業績連動賞与の導入	管理会計の見直し
⋮	⋮	⋮	⋮	⋮

象者全員の報酬水準を上げる」といった施策は不適切だと思います。そのため、この場合は、特定の活躍している人材層に報いる仕組みを優先するのが一般的な方法論になります。

　また、グループ経営の課題でいえば、「ガバナンス強化の目的でグループの人事制度を統一すること」と「各社の事業特性に合わせた人事制度とすること」が表面的には両立し難いテーマになります。この場合には、グループで画一的に設計する機能と、事業会社別に差異を設ける機能を峻別（しゅんべつ）して設計するなどの工夫をしなければ、改定の期待効果が得られないことになります。

　経営から見れば、検討のプロセスで抽出された課題に対して「どれも

一気に解決したい」と考えるはずですが、人材マネジメントの課題はトレードオフになる事柄が多く、課題同士が相互に干渉して「いいところ取り」ができない場合があります。その際に最適な意思決定ができるように、制度詳細を設計する前にコンセプトを固めておくことが非常に重要な段取りになります。

4 事業環境・組織環境の検討

新しい人事制度の枠組みを考える上では「組織の問題解決のためにこのように変革したい」とビジョンを描くことが重要ですが、そのためには自社を取り巻く環境についての「事実の受け止め」が重要になります。したがって、「理想どおりに独自性の強い制度が導入できるか」「処遇の最適化をする上で職務等級制度の導入に踏み込むべきか」などを検証するために、事業環境・組織環境について簡単に点検をしておくことを推奨します。そのための代表的な検討要素として［図表3-2］の項目を紹介します。

［図表3-2］事業環境・組織環境の検討要素

事業環境		組織環境	
①	株主・ステークホルダーとの関係	①	組織規模
②	事業の成熟度	②	人員構成
③	事業の成長性・国際性	③	早期選抜の必要性
④	コアビジネスに必要な専門性	④	ジョブローテーションの有無・必要性
⑤	競合との競争環境	⑤	新卒採用の必要性
⑥	人材の流動性の高さ	⑥	労使関係

[1] 事業環境の検討

①株主・ステークホルダーとの関係

例	・株主の目線を意識した人事制度を構築する必要があるか
	・グループ企業で親会社の統制の強さはどれくらいか

→オーナー企業であれば自社流のオリジナリティーが強い仕組みが導入
可能ですが、上場企業やその関連会社では、株主・投資家などのステー
クホルダーにどう見られるかという点に留意する必要があります。例
えば、親会社が能力主義の企業の場合において、子会社で完全成果主
義の人事制度を導入する際は慎重なコミュニケーションが必要になる
ケースがあります。

②事業の成熟度

例	・業界全体の体質が古いか、新しいか
	・事業のライフサイクルが導入・成長期か、成熟・衰退期か

→産業自体が古い企業は組織体質として保守的な価値観を持つ場合が多
く、人事部門が革新的な改定を望んでも現場マネジメントがそれを受
け入れられないケースがあります。理想的と思われる枠組みを設計し
ても運用がついていけないことがあるので、変化の度合いを慎重に調
整する必要があります。逆に、組織体質を変えることが最終目的であ
れば、大きな変革に踏み込む必要があるかもしれません。また、主力
事業が成熟期に入っていれば、社風にかかわらず、生産性や人材の流
動性の観点で職務等級制度の採用を検討すべき場合もあります。

③事業の成長性・国際性

例	・これから順調に成長する業界か
	・国内／海外の市場の伸びがどうなっていくか

→業界の成長性によって、昇給を前提とした報酬マネジメントが将来に

わたり可能かどうかの判断が異なります。市場の成長が鈍化していれば、定期昇給を維持したくても人件費として許容できない場合がありますので、管理職層だけでもメリハリのある制度の導入を検討することが必須になります。また、ビジネスのグローバル展開の中で海外収益の依存度が強くなるほど、「日本本社だけメンバーシップ型雇用を継続してよいか」といった点が必ずといっていいほど論点になります。

④コアビジネスに必要な専門性

例	・付加価値創出のために、専門人材を確保することが必須か ・ナレッジワーカー／マニュアルワーカーの比率はどれくらいか

→競争優位のためにさまざまな研究職やエンジニアを抱える企業であれば、専門職コースの体系化が必須ともいえ、企業によっては専門人材に部長級・役員級の報酬を支払うケースもあります。また、外部からの採用のために、市場価値に合わせた柔軟な処遇ができる等級体系も必要になります。一方で、事業構造としてマニュアルワーカーが多い企業では、上記のようなナレッジワーカーに最適化した人事制度がマッチしない場合もあります。そのため双方が当てはまる企業では、社員のコース制度を区分した上でポリシーミックスの等級制度を設置することが視野に入ります。

⑤競合との競争環境

例	・業界構造として競合他社との激しい競争にさらされているか ・事業の独自性や安定性があり、長期の利益確保が見込めるか

→一般に、競合他社との競争が激しく企業統合も多い業界では、生き残りのため成果主義の人事制度を選択せざるを得ない場合があります。一方、ビジネスモデル上、収益が安定的で当面それが続く見込みの企業であれば、他社と足並みをそろえる必要はないかもしれません。例えば「家族的な経営」を標榜し、職能資格制度を継続することがエン

ゲージメントの向上につながる場合もあります。

⑥人材の流動性の高さ

例	・競合他社への転職やキャリア採用が日常的な業界か
	・特定の職種について、特に採用競争が激しくなっているか

→人材の流動性が高ければ高いほど、市場価値を見据えた成果主義の人
　事制度を適用する必然性が高まります。等級制度を見直さずとも「採
　用時の報酬さえ高く支払えればよい」という考え方もありますが、伝
　統的な職能資格制度の運用では生え抜きの社員が優遇されがちなため、
　入社後の定着に対しての工夫が必要になります。

[2]組織環境の検討

①組織規模

例	・大企業・中堅企業か、中小企業か
	・国内外に拠点があるか、国内多拠点か、一拠点か

→中小企業であれば単一型の等級制度などシンプルな設計がマッチしま
　すが、大企業であれば多様な働き方を許容できるコース制度が必要に
　なり、設置する階層数も多くなる傾向があります。また、就業拠点の
　状況により、転居転勤の有無などによるコース設計も必要になりま
　す。

②人員構成

例	・若手／中堅／ベテランのどの世代層が多いか
	・男女／職種等の属性別に偏りがあるか

→人事制度設計は、人員構成の現状や将来予測に基づき検討する必要が
　あり、一般には分布の中心となる世代を意識した制度を採用します。
　例えば、中高年層が多い組織の場合は、選択のバリエーションがある

複線型人事制度を設置する傾向があります。一方で、数的優位の中心層のみに着目して少数派の働きがいやキャリア志向を無視するわけにはいきませんので、社員属性に応じた分析が必要です（後述する社員ニーズの把握にも関連します）。

③早期選抜の必要性

例	・リーダー層が不足しているか、充足しているか ・組織活性化の観点で役職者の「若返り」の必要があるか

→リーダー層の人材不足で選抜を早める場合は、能力基軸の等級制度よりも仕事基軸の等級制度（役割等級制度・職務等級制度）のほうが運用しやすくなります。また、それだけではなく等級階層を減らす（ブロードバンド＝大くくり化）ことや、昇格スピードを今までより速くする工夫が必要になります。組織活性化の観点で役職者の若返りを図るのであれば、等級制度改定に合わせてポストオフの仕組みを検討することも有用です。

④ジョブローテーションの有無・必要性

例	・ゼネラリストを育成する必要があるか ・配置転換を前提としたマネジメントをする必要があるか

→ゼネラリスト育成の観点でのジョブローテーションが不要であれば、スペシャリストの採用・育成を視野に入れた職種別人事制度の設計も可能です。また、会社主導の配置転換を前提としない場合は、職務等級制度も比較的運用しやすくなるため導入のハードルが下がります。ジョブローテーションには人材育成上のメリットがありますが、等級体系を検討する上では、ただ企業の習慣として実施しているだけなのか、ビジネスの成長のために真に必要な施策なのかどうかを見極めることが重要です。

⑤新卒採用の必要性

例	・新卒採用が現状（または将来的に）必要か／不要か ・キャリア採用の割合が将来的に増加するか

→スタートアップ企業など、これから新卒採用を始める企業では、初任等級からキャリアのステップを整理する必要があります。一方で、新卒採用を行っていない企業では、一般社員層も含めてジョブ型雇用への移行がしやすく、職務等級制度の運用も比較的容易です。現状と将来のキャリア採用割合の変化によっても選択すべき人事制度が変わってきます。

⑥労使関係

例	・労働組合が存在するか／しないか ・労働組合が制度改定に当たりどのような姿勢であるか

→通常、労働組合の有無により、制度改定に要する期間が大きく異なります。労働組合がある場合には、一般社員層（組合員）の制度導入に時間がかかることを見越して、管理職層から先行して導入するなどの検討が必要になります。また、等級制度は社員の労働条件を定める上での最重要事項の一つであり、改定には労働組合や従業員代表との十分なコミュニケーションが必要です。

以上のとおり、事業環境・組織環境のチェックポイントを列挙しましたが、これらの確認結果は制度改定の制約条件になり得ます。自社のプロジェクトで検討する際は、「進めたい方向性に対してネガティブな要因がないか」「想定する等級の基軸となじまない環境要因がないか」ということを十分に議論してください。

5　社員ニーズの検討

　等級制度のコンセプトを検討するに当たり、社員のニーズを反映させることも重要です。経営の視点（人件費の合理性やマネジメントのしやすさ）だけで検討すると、社員の動機づけにつながらない仕組みとなってしまう懸念があります。特に、昨今の人材マネジメントでは、キャリアの多様性やその選択可能性が重要視されており、労働市場の流動化に伴い企業と社員の関係性も変化しています。これは人材獲得競争において「求職者から選ばれる会社」を目指す場合、特に重要な要素になってきます。

　ヒアリングやアンケートなど具体的な情報収集の手法は次章で紹介しますが、まずは、社員の大多数がどのようなニーズを持っているかを把握する必要があります。企業によって固有の社員ニーズがあることは当然ですが、典型的な内容としては、以下のようなものが挙げられます（等級制度に関係の薄いニーズは省略していますが、実務では報酬制度への不満なども含めて抽出することが通常です）。

〔社員ニーズの例〕
・キャリアパスが不透明であり、分かりやすく提示してほしい
・自身の専門性がもっと評価されるべきである
・それぞれのキャリア志向に応じたキャリアルートが用意されるべきである
・成果にかかわらず、昇格のスピードが変わらないので差をつけるべきである
・昇格やポジション登用の理由が不透明であるので、基準を明示してほしい
・人事制度は実力主義を標榜しているが、実態は年功序列になっているので改善してほしい

概していうと、キャリアの明瞭性や処遇の妥当性に関する意見が集まりやすいといえます。もちろん、「現状に対して不満がない」という趣旨の意見も一定割合出てきます。この場合、制度の運用に満足しているケースもあると思いますが、「そもそも人事制度に関心がない」場合もあり、現状の人事制度が社員の動機づけにつながっていないケースもありますので、情報の読み取り方に注意が必要です。

さらに、企業の内部環境に即した固有の課題や、組織内の公平性への意見を確認する上では、属性別の意見収集が有効になります。その際、各社員層に何を確認するかがポイントとなるので、一例としての切り口とその確認内容を以下に列挙します。

❶年代別の切り口

> 若手層：職場に閉塞感がないか、活躍が会社や上司に認められているか、成長に対する指針は明瞭か
>
> 中堅層：進むべきキャリアルートが明らかになっているか、組織内での役割と処遇のバランスに違和感がないか
>
> 中高年層：会社において居場所を認識できているか、今後の活躍が展望できるか

❷社員属性別の切り口

> 子育て社員：会社は子育て世代の働き方に対応する制度を提供できているか、制度有無にかかわらず職場では配慮があるか
>
> キャリア採用者：新卒入社者が優遇されているように感じないか
>
> 高度専門人材：就業し続ける上で魅力のある環境が整っているか

❸職種別の切り口

> 営業職：営業成績と人物面の評価の反映バランスが良い仕組みになっているか
>
> 開発職：研究成果の創出に対して人事制度がマッチしているか
>
> 製造職：営業・管理等の職種と比較して強い不公平感がないか

なお、多方面から出てくる陳情含みの要望を聞き入れ過ぎると、結果的にマネジメントがしにくい仕組みになる場合もありますので、人事制度へ社員意見を組み込む際はバランスが必要です。また、現状は直接的なニーズがなくても、世論や社会の動向として将来的に社員のニーズになり得る事項については、プロジェクトチームで議論をするとよいと思います。その際、社会・市場・業界の未来予測や、これから入社する若年世代の志向性への理解が重要になります。

6　コース・等級制度の骨格検討

　ここまでの解説のように多面的に検討ができたら、詳細設計に当たって等級制度の骨格を仮決定します。

　まずは解決すべき課題や社員のニーズに沿って、複線型人事制度や勤務地限定の在り方などコース制度の枠組みについて検討します。課題・ニーズとコース設置の要否の関係は既に説明している部分もありますので簡単に示しますが、典型的な内容としては［図表3-3］のようなケースが考えられます。新しいコースを設置するだけでなく、既存のコースを改良することや廃止することも打ち手の一つになり得ます。

　また、コースを新設・改定する場合は、コース間の差異をどのようにデザインするか、改めて整理をしておくことが重要です。具体的には、主たる業務上の役割、転居転勤の有無、異動の有無、賃金水準、昇格上限などをコース区分ごとに検討します。コース別管理を実施することで社員区分に最適化した管理が可能になる半面、設計・運用において合理性のない処遇差を設けてしまうと、労使紛争につながる懸念もありますので、コース制度の改廃には細心の注意が必要です。

　コース設計の大枠についてイメージができれば、次はコース区分ごと

[図表3-3] コース制度の改定に向けた検討例

現コース制度	課題・ニーズ（例）	コース制度の改定方向性
単一型人事制度	成長事業の知見がある専門人材を外部から採用したい	専門職の設置
	プレイヤー志向が強い中堅・ベテラン社員に対して、多様なキャリアを示したい	
	転勤が前提の運用となっているが、人材定着のため、育児・介護の目的で転勤エリアを限定できる働き方を示したい	エリア総合職の設置
	定年延長導入に伴い、役職定年後のキャリアイメージを明確化したい	ポストオフ対象者に適用する等級制度の設置
複線型人事制度	専門職コースの運用が形骸化しており、非ライン管理職の処遇の温床となっているため処遇を厳格化したい	専門職の廃止
	各事業の専門人材の育成のため、一般社員層や専門職を職種別に管理したい	職種別等級制度の導入
コース別人事制度（総合職・一般職）	定型業務の割合が将来的に減っていくため、人材活用の目的で一般職人材の職域を拡大したい	一般職の廃止
コース別人事制度（総合職・技能職）	有能な人材の活用のため、技能職のキャリアパスを拡充したい	技能職コースにおける管理職の設置

の等級の基軸を決めていきます。解決すべき課題や事業環境等の検討内容を踏まえ、第2章で説明した職能資格制度／役割等級制度／職務等級制度（およびポリシーミックスの等級制度）のどれが適しているかを判断することになります。既に例示しているものも含め、オーソドックスな考え方をまとめたのが［図表3-4］です。

　ただし、これまで説明しているとおり、等級の基軸は各社を取り巻く環境に応じて慎重に議論の上選択すべきものですので、「記載のとおりに考えればよい」と短絡的に活用せず、参考程度に確認ください。また、組織再編に伴う人事制度統合やエリア総合職設置のケースなど、具体的な改定パターンの詳細については第6章で紹介します。

[図表3-4] 等級の基軸に関する検討例

現等級制度	課題・ニーズ（例）	等級制度の改定方向性
職能資格制度	現行の人事制度を活かしながら、期待する人材像を明確化したい	職能資格制度（刷新）
	年功的な運用になっているため、貢献度に応じた制度を設けたい	役割等級制度
	職務基準の人材マネジメントで、組織風土を一変させたい	職務等級制度
	制度の大枠を維持しつつ管理職の職務に応じた処遇差を設けたい	管理職層→職能資格・職務のダブルラダーの制度 一般社員層→職能資格制度（維持）
役割等級制度	「役割」によるマネジメントが形骸化しているため、より厳格に貢献重視の人事制度を設けたい	職務等級制度
	ライン管理職については、外部労働市場を踏まえた職務価値ベースの処遇をしたい	管理職層→職務等級制度 一般社員層→役割等級制度（維持）
	既存の人事制度では処遇できない特定職務の高度専門職を採用できる枠組みを設けたい	正社員(総合職・管理職)→役割等級制度（維持） 契約社員(専門職)→職務等級制度
管理職層：職務等級制度 一般社員層：役割等級制度	管理職層の職務等級制度の運用が浸透してきたため、一般社員層にも導入したい	職務等級制度

7 改定のタイミングの検討

　制度の骨格を検討する際に併せて検討すべきなのが、制度改定を行うタイミングです。当然、改定目的に沿って、可能な範囲で最速の制度導入を目指すのが通常の考え方ですが、前述のとおり「急速な変革が求め

られる状況か」「必要であってもそれが可能か」というのは環境要因によって異なります。また、人事制度は一度変更したら元に戻せない（戻しにくい）性質であるため、"不可逆性" が高い仕組みといえます。それゆえに熟考を重ねた上で導入する必要があり、「走りながら考える」姿勢では大きな混乱を招いてしまいます。特に等級制度は、人材に対する企業の普遍的な考え方を反映したものであり、短期間で変更を繰り返していては、社員の信頼を損ないかねません。そのようなリスクを減らす上で、導入タイミングに関して［図表3-5］のタイムラインを意識することが重要だと考えます。

[1]現人事制度をどのタイミングで切り替えるか

　制度改定の期待効果をスピーディーに実現するには、1日も早い導入が求められますが、設計にかかる時間のほか、導入準備の時間、社員説

［図表3-5］制度改定のタイムライン

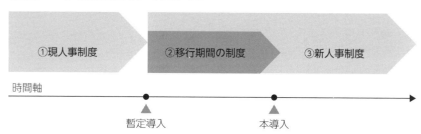

明のための時間も必要になります。一般的には事業年度の開始日をもって新制度の運用を開始するケースが多いため、改定の規模に応じて、どの事業年度からスタートするかを見定める必要があります。また、既述のとおり大企業を中心に、管理職層と一般社員層でタイミングを分けて、段階的な制度導入を実施するケースも多く見られます。

[2]暫定の移行期間を設けるか

　現人事制度から新制度に移行する上で、制度内容の変更が大きい場合は、最終形の新制度を導入する前に、一時的な移行用の制度を設けて運用するケースがあります。例えば、職能資格制度から職務等級制度に変更する際は、改定前後の運用に大きな乖離_{かいり}がありますので、改定内容を段階に分けて導入するなど、数年間の移行期間を設ける場合もあります。また、等級制度の変更に伴い、報酬面での労働条件の不利益変更が生じる場合には、調整給を支給するなど激変緩和措置を講じることが必要になります。

[3]最終形の人事制度にどのタイミングで移行するか

　暫定の移行期間を設けない場合は、［図表3-5］②の期間はなくなりますが、最終的な制度改定をどの段階で実現するかを決定する必要があります。事業環境によっては、半年後や1年後などスピーディーな改革を求められますが、中期経営計画に合わせて2～3年後をゴールに定めるケースも多く見られます。特に定年延長、ジョブ型人材マネジメント、グループ人事制度などテーマが多岐にわたる場合、3年以上をかけて制度改定に取り組む企業もありますので、改定の範囲や内容によっても最適なタイミングを見極める必要があります。一方で、通常は4～5年もたてば経営環境が変化していますので、さらに次のモデルチェンジを考える時期が到来することも想定しておく必要があります。

8 制度改定においてつまずきそうなポイントの検討

　ここまでの検討で理想的な制度コンセプトが描けたとしても、そのとおりに実行できなければ改革は成功に至りません。本章の最後に「制度改定においてつまずきそうなポイント」を予測することの重要性について触れておきます。

　人事制度改定の成否において、事前計画の周到さも重要ですが、それと同じくらい検討プロセスでのコミュニケーションや運用の工夫が重要になります。成功のポイントをイメージするためには、失敗から学ぶことが有効ですので、以下に、人事制度改定（特に等級制度）における代表的な失敗を列挙します。

Ａ：等級制度の設計内容そのものに関する失敗

・経営理念・事業戦略と制度の関連性が不十分であった
・「解決すべき課題」と改定内容が結び付いていなかった
・自社固有の環境を踏まえた期待人材像が示せていなかった
・従業員の就業ニーズに応える仕組みが整っていなかった
・他社で流行している制度をそのまま取り入れたが、自社の組織風土に
　合致しなかった

Ｂ：コミュニケーションにおける失敗

・人事部門で密に議論をして策定したが、検討プロセスで事業部門を巻
　き込まなかったので現場からは不評だった
・キーパーソンの意見に対して忠実に策定したが、そのキーパーソンが
　異動になり、検討が進まなくなってしまった
・コンサルタントの言いなりになり、自社の意思が反映されていないも
　のになってしまった

・社長の号令だけで動いてしまって、途中で何のための改定か分からなくなった

・検討のプロセスで社員に一切説明をしなかったので、反対意見が強くなってしまった

C：運用における失敗

・緻密な制度を設計した結果、現場マネジメント層が理解・運用できない制度になってしまった

・人事制度改定を補完するキャリア・育成等の施策を検討しておらず、改定の期待効果が得られなかった

・見かけ上の仕組みは成果主義に変わったが、誰も痛みを負わない（メリハリのない）運用を続けたため、本質は何も変わらなかった

・整然とした制度だが「自社らしさ」を表すメッセージがなく、社員のモチベーション喚起につながらなかった

・制度検討時の人事部員が異動になり、引き継ぎが不十分で、設計当時の理念を理解して運用できる人材がいなくなってしまった

　Aの分類は「設計内容そのものに関する失敗」で、その多くがコンセプトの議論や技術的な検討の不足によるものです。等級制度は報酬制度ほどテクニカルな知識が必要となる場面は少ないため、本章で解説した基本的な要素を学習して丁寧に検討すれば、失敗はある程度防ぐことができると思われます。また、専門家である人事コンサルタントを起用すれば、品質面の問題は解消できる可能性が高まります。

　しかし、実際の人事制度改定の場面では、Bの分類の「コミュニケーションにおける失敗」のほうが圧倒的に多いと実感します。言い換えれば「関係性に起因する失敗」です。プロジェクトマネジメントにおいてコミュニケーションの課題を放置せず、問題が生じそうな利害関係を予測し、各方面と粘り強く擦り合わせを重ねることが防止策になります。

また、導入後に初めて露呈するのが、**C**の分類の「運用における失敗」です。一見、制度設計自体は成功のように見えても、「結果としての変化値」が当初の期待効果とずれてしまう場合があることを念頭に置く必要があります。また、等級制度を含む人事制度改定はあくまで「解決すべき課題」を解消するための手段であり、制度改定そのものを目的化してしまうと何にも結び付かない結果となってしまいます。例えば、成長戦略実現を最終目標とする制度改定であれば、その中間目標に位置づける「人材の行動変容」や「エンゲージメント向上」等が実現できなければ、等級制度だけが刷新されていても真の成功とはいえません。

　上記のように、制度改定一般に見られる内容だけでも数多くの失敗パターンが予測できますので、各社の検討においてはさらに固有の「つまずきそうなポイント」が出てくるはずです。したがって、自社の検討においてボトルネックになりそうな点をあらかじめ予測の上、ここまで検討したコンセプトを再点検することを推奨します。また、自社のプロジェクトで検討する際は、「特定のキーパーソン（○○役員・△△部長等）の納得を得る」というプロセスが切実なボトルネックになるかもしれません。その場合は制度内容を検討する過程で、キーパーソンとのコミュニケーション方法も併せてデザインすることが肝心です。

第**4**章

どのように
制度設計を進めるか

1 詳細設計の進め方

　第4章は「どのように制度設計を進めるか」と題し、改定コンセプト決定後の具体的な設計作業の進め方について［図表4-1］のフローに沿って説明します。

　まずは設計の前段として、制度運用の実態を把握するためにヒアリング調査・人員構成分析などの内部環境分析をすると効果的です（本章**2**で詳説します）。この取り組みは等級制度の設計作業において必須ではないですが、前章で検討した改定コンセプトを検証するための位置づけ

［図表4-1］詳細設計の進め方（例）

第3章	改定コンセプトの検討	■自社の等級制度をどのような方針で改定するかについて検討 ■事業環境・組織環境、社員ニーズを踏まえて、等級制度の骨格を仮決定
第4章	内部環境分析 （必要に応じて実施）	■制度運用の実態を把握するため、ヒアリング調査・人員構成分析などを実施
	コース・等級体系の決定	■コース・等級体系の改定対象範囲を特定し、等級の基軸、等級の数を検討
	等級定義の策定	■求められる能力や役割に応じて人材を格付けられるように階層ごとに求められる人材の要件を等級定義として明文化
	役職任用ルールの検討	■それぞれの役職が新しい等級制度のどの階層に該当するか対応関係を整理 ■役職定年制度についても設置・改廃を検討
第5章	運用ルールの策定	■設計した等級制度の枠組みの中で昇格・降格ルールの詳細要件を設定 ■コース別人事制度・複線型人事制度を採用する企業では、コース転換ルールも検討

になります。

　内部環境分析により、進めようとしている方向性に対して事実の裏づけができれば、コース・等級体系を決定します。具体的には、改定の対象範囲（社員のコース・階層等）を特定した上で等級の基軸を最終的に確定し、等級の数を設定します（本章3）。次に、等級の基軸に沿って各等級に求める人材要件を明確化し、等級定義を策定します（本章4）。その上で、新制度の等級に対する役職任用ルールを整理します（本章5）。このようにして制度の詳細設計ができたら運用ルールを策定します。昇格・降格やコース転換ルールについては次章で詳述します。

　なお、専門職コースの設置に関しては、他のコースにはない多くの個別論点がありますので本章6で別途解説します。さらに、職務等級制度を導入する場合も、職務評価の実施やジョブディスクリプションの策定など、［図表4-1］の進め方とは異なる点がありますので、本章7で個別に解説します。

　また、本章（および第5章）の説明に当たっては、架空のモデル企業JPN社を例に、詳細設計のモデルケース（社員500名規模の企業が職能資格制度から役割等級制度に改定する場合）を補足していきます。

2　内部環境分析

　人事制度・運用の現状調査のための内部環境分析には、幾つかの手法が考えられます。等級制度の改定において有効なものとして、①定量分析と②ヒアリング調査について紹介します。人事実務で社内の意見や情報を丁寧に吸い上げている企業では改めて実施する必要はないかもしれません。しかし、分析のプロセスを経ることで、課題を客観的に把握し、関係者間で共通の考え方を持つことができます。なお、これらの分析は、第3章で説明した改定コンセプトを検討する前に実施するケースもあり

ます。自社で進めたい方向性を検証する目的であれば、コンセプトを決定した後で分析を実施することでよいでしょうが、関係者間の議論だけでは方向性が定まらない場合は、コンセプト策定の前に分析を実施することが有効です。

[1]定量分析

　給与支給データがあれば比較的簡便に実施できる分析手法として、人員構成分析と賃金分析を紹介します。人員や人件費のボリュームゾーンを理解すること、制度に対する運用の偏向性を理解すること、世間水準と比較して実情を把握することなどが主な目的になります。

(1)人員構成分析（年齢×コース・等級）

　まずは等級制度検討の前段として、自社の年齢別の人員構成を把握します［図表4-2］。世代別の概形を確認するためには、［図表4-2］（右図）のように5歳刻みでグラフ化すると、その特徴が一目瞭然となります。

　JPN社は、50代がボリュームゾーンになっています。一方で、過去に新卒採用を絞った影響で30～40代が50代に対して少ない状況です。この人員構成の波形を「ひょうたん型」と表現することがあり、特定世代に労働力が偏在するパターンの一つです。

　その上で［図表4-3］のように縦軸に等級階層、横軸に年齢をとった在籍人数の表を作成すれば、さらに詳細な実態把握ができます。チェックポイントは、以下の4点です。

---

①制度の考え方に対して年功序列的な運用になっていないか

②階層別に人員の偏在があるか

③コース区分による特徴はあるか

④昇格のスピードがどのようになっているか

[図表4-2] 人員構成分析〈モデル企業JPN社の例〉

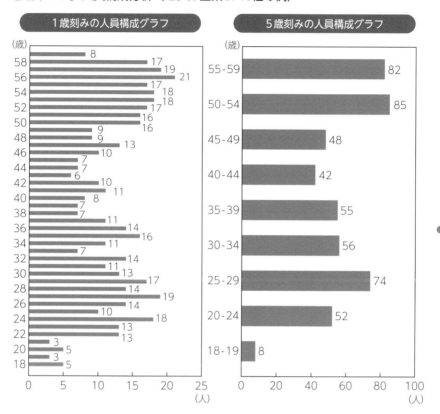

例えば、10段階の職能資格制度を採るJPN社の場合、40代以降で、管理職層に当たる6等級への昇格有無によりキャリアが分岐しますが、その手前の5等級まではほとんどの人が昇格しています。それが「人材要件に則した昇格判断の結果か」、あるいは「運用で処遇差がつけられていない結果か」など、データの背景にある運用実態を検証する必要があります。

(2)人員構成分析（役職×等級）

職能資格制度・役割等級制度の場合は、自社の設置等級に対してそれぞれ役職をどのように任用しているかを改めて確認してください。JPN社の場合は同一等級内に複数の役職が混在して分布していますが、職能

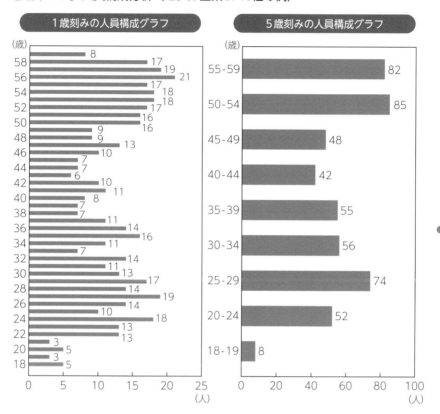

[図表4-3] 等級×年齢の在籍人数表〈モデル企業JPN社の例〉 (人)

等級	年齢																						
---	18	19	20	21	22	23	24	25	26	27	28	29	30	31	32	33	34	35	36	37	38	39
10等級	0	0	0	0	0	0	0	0	0	0	0	0	0	0	0	0	0	0	0	0	0	0
9等級	0	0	0	0	0	0	0	0	0	0	0	0	0	0	0	0	0	0	0	0	0	0
8等級	0	0	0	0	0	0	0	0	0	0	0	0	0	0	0	0	0	0	0	0	0	0
7等級	0	0	0	0	0	0	0	0	0	0	0	0	0	0	0	0	0	0	0	0	0	0
6等級	0	0	0	0	0	0	0	0	0	0	0	0	0	0	0	0	0	0	0	0	0	3
5等級	0	0	0	0	0	0	0	0	0	0	0	0	0	0	0	0	4	2	4	3	3	4
4等級	0	0	0	0	0	0	0	0	0	0	0	0	3	11	14	7	7	14	10	8	4	0
3等級	0	0	0	0	0	0	0	14	19	14	17	10	0	0	0	0	0	0	0	0	0	0
2等級	0	0	0	13	13	18	10	0	0	0	0	0	0	0	0	0	0	0	0	0	0	0
1等級	5	3	5	3	0	0	0	0	0	0	0	0	0	0	0	0	0	0	0	0	0	0
計	5	3	5	3	13	13	18	10	14	19	14	17	13	11	14	7	11	16	14	11	7	7
計（区分）	8		52					74					56					55				

等級	年齢																				合計	平均（歳）
---	40	41	42	43	44	45	46	47	48	49	50	51	52	53	54	55	56	57	58	59	---	---
10等級	0	0	0	0	0	0	0	0	0	0	0	0	0	0	0	1	5	2	5	0	13	56.8
9等級	0	0	0	0	0	0	0	0	0	0	1	4	1	3	4	3	2	4	2	2	26	54.6
8等級	0	0	0	0	0	0	2	2	2	3	4	3	2	1	6	3	6	3	1	2	40	52.8
7等級	0	0	4	4	3	2	4	4	4	1	5	3	8	5	3	7	4	2	2	2	67	50.4
6等級	5	8	2	2	4	1	2	3	1	4	2	5	4	7	4	2	4	4	1	2	70	48.6
5等級	3	3	4	0	0	4	2	4	2	1	4	1	2	2	1	2	4	3	1	1	64	45.2
4等級	0	0	0	0	0	0	0	0	0	0	0	0	0	0	0	0	0	0	0	0	78	33.9
3等級	0	0	0	0	0	0	0	0	0	0	0	0	0	0	0	0	0	0	0	0	74	27.9
2等級	0	0	0	0	0	0	0	0	0	0	0	0	0	0	0	0	0	0	0	0	54	23.5
1等級	0	0	0	0	0	0	0	0	0	0	0	0	0	0	0	0	0	0	0	0	16	19.4
計	8	11	10	6	7	7	10	13	9	9	16	16	17	18	18	17	21	19	17	8	502	40.3
計（区分）	42					48					85					82					–	–

資格制度としてはこの程度であれば一般的な運用実態であるといえます [図表4-4]。

　役割等級制度の場合、役職任用ルールに沿って等級と役職が連動することになりますが、抜擢（ばってき）や例外措置などで、ルールで規定した等級と役職の対応関係を逸脱して任用される人材が一定数存在するケースもあり

[図表4-4] 役職×等級の在籍人数表〈モデル企業JPN社の例〉

(人)

役職	資格等級										計
	10	9	8	7	6	5	4	3	2	1	
本部長	6	0	0	0	0	0	0	0	0	0	6
部長	4	12	0	0	0	0	0	0	0	0	16
室長	0	4	0	0	0	0	0	0	0	0	4
次長	0	0	14	0	0	0	0	0	0	0	14
課長	0	3	11	39	0	0	0	0	0	0	53
課長代理	0	0	0	0	40	0	0	0	0	0	40
部長付 (非ライン職)	3	7	15	28	30	0	0	0	0	0	83
係長	0	0	0	0	0	64	0	0	0	0	64
主任	0	0	0	0	0	0	78	0	0	0	78
一般	0	0	0	0	0	0	0	74	54	16	144
計	13	26	40	67	70	64	78	74	54	16	502

ます。その場合は、形骸化した運用をルールどおりに是正するか、役職任用ルール自体を新たに見直すべきか検討していくことになります。

(3) 人員構成分析 (属性別)

　人員構成をさらに属性別に分析すると、次のようなことが分かります。より詳細に状況を把握したい場合は実施してください。

> 男女別：女性比率・女性管理職比率 (女性の中の管理職登用率あるいは管理職層における女性の割合)
> 部門別：部門による傾向差 (全社平均に対する年齢層の偏り、昇格スピードの違い)
> 職種別：職種による傾向差 (全社平均に対する年齢層の偏り、昇格スピードの違い)
> 入社区分別：新卒採用者とキャリア採用者での傾向差

　例えば、キャリア採用者の最速昇格年次が新卒採用者と比較して遅い企業がありますが、外部から採用した有能な人材を自社に定着させる上では、「解決すべき課題」と位置づけて運用を見直した方がよいかもしれません。

(4) 役職者の平均年齢

　役職者（係長・課長・部長）の平均年齢は業種別の世間統計がありますので、同業他社の状況と比較することが可能です。自社のライン役職者と統計データを比較すると自社の運用傾向が分かります。他社の平均年齢は厚生労働省の賃金構造基本統計調査などで確認できます。

　JPN社の場合は、課長が世間平均よりも約5歳高いという結果が出ています［図表4-5］。これは年次構成の影響で若手の課長登用が遅れていることに起因しています。課長にふさわしい人材を組織に配置しているのであれば、平均年齢が高い状況自体が悪いわけではありません。一方、中堅・若手層のモチベーションに課題がある企業や、事業変革のためにリーダー層の入れ替わりが望まれる企業では注意が必要です。

(5) 昇格率（降格率）

　昇格の流動性を把握するために、過去の昇格実績について確認します。降格ルールを導入して実際に運用している企業では、降格の実績も確認するとよいでしょう。具体的には、過去3～5年程度のデータをさかのぼり、各等級の在籍社員数に対する昇格（降格）者の割合を計算します。

[図表4-5] 役職者の平均年齢〈モデル企業JPN社の例〉

役職	合計人数 （人）	平均年齢 （歳）	(参考) 同業種 世間平均（歳）
本部長	6	57.0	－
部長	16	54.4	52.X
室長	4	53.8	－
次長	14	52.8	－
課長	53	52.0	47.X
課長代理	40	49.5	－
部長付 (非ライン職)	83	50.0	－
係長	64	45.2	44.X
主任	78	33.9	－
一般	144	25.3	－
計	502	40.3	－

昇格率の分析をすることで分かることは、例えば次のような点です。

> ・要員計画上で許容できる昇格率を設定している企業の場合、それ
> に対して運用実績がずれていないか
> ・どの等級階層に人員が滞留しているか
> ・経年で安定的に昇格の運用ができているか

　昇格率は外部データと比較できるものではなく、数値の絶対的な高さ
（低さ）自体が、良い・悪いという意味を持つわけではありません。改
めて数値で見たときに「自社にとって意図せざる運用実態になっていな
いか」ということを確認することが中心になります。

(6) 報酬制度分析

　全社員の基本給・賞与・年収などを散布図にします。課題意識に応じ
たさまざまな分析方法がありますが、等級制度と賃金の関係を把握する
上では、[図表4-6] のようなグラフが最適です。横軸に等級と役職、

[図表4-6] 等級・役職×賃金水準のグラフ〈モデル企業JPN社の例〉

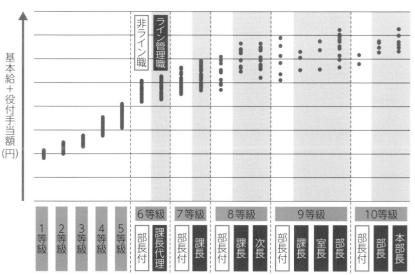

縦軸に基本給と役付手当を合算した報酬水準を示しています。

　この分析は報酬制度を見直す場合は必須のプロセスになりますが、等級制度の運用状況を確認することが主目的であれば、次のような視点でデータを読み取ります。

・同一等級の中で賃金水準が一定の幅に収束しているか（または幅広く分布しているか）
・隣接する等級と報酬水準が重複しているか（例：一般社員層と管理職層の水準逆転）
・ライン役職者の水準が同一等級の非役職者と比較して低くないか

　JPN社の場合は、賃金水準が等級間で重複しています。例えば、6等級は人材が滞留し、かつ経年で昇給していくため、7等級よりも報酬水準が高い人材が多く見られます。7等級で課長の人材は平均値こそ7等級の非ライン職より高いですが、基本給が低い役職者は役付手当を加算しても非ライン職よりも水準が低いケースがあります。

　上記は自社の職能資格制度を適正に運用した結果ではありますが、等級昇格にかかわらず年齢が高い人材ほど賃金が高い結果になっているので、「若手の活躍層に対して、さらなる貢献意欲を喚起させることが難しい仕組み」と見ることもできます。優秀さゆえに最速年次で昇格している人材は同期入社同士の比較では優位性があっても、同一役職の人材同士では報酬が低いということになります。

　なお、等級制度の年功的な運用が原因で人件費に課題がある企業では、人件費の将来予測シミュレーションを実施するのも効果的です。「現制度の昇格運用を厳格化することで課題を改善すべきか」あるいは「等級制度そのものをモデルチェンジする必要があるか」ということを見極める上での重要な検討材料になります。

[2]ヒアリング調査

　企業内で制度改定を実施する場合は、改定に関する賛否や導入する際の方向性を確認するために社内ヒアリングを実施するのが効果的です。人材マネジメントに対する経営の思いや職場からの要望などを「生の声」として収集します（普段から組織サーベイや社員アンケートなどで情報収集をしていれば、その情報で代替することも可能です）。

　ヒアリングは調査設計が重要です。具体的な調査を進める際は、ヒアリングの目的を明確にし、ヒアリングの項目を検討した上で対象者を選定します［図表4-7］。実践的な方法としては、①経営層ヒアリング、②マネージャー層ヒアリング、③プレーヤー層ヒアリングというように組織階層別に目的を分けて検討すると、進め方や質問内容の輪郭がはっきりします。

(1)経営層ヒアリング

　経営層へのヒアリングでは、企業のありたい姿を確認することに力点を置きます。新しいコース制度・等級制度を確定するに当たって、経営

［図表4-7］ヒアリング調査の種類と目的の整理（一例）

ヒアリングの種類	目的	対象者	代表的な質問
①経営層ヒアリング	企業のありたい姿を確認するため	社長、各部門の管掌役員	■「将来の事業を実現するために必要な組織体制のイメージは何か」 ■「求める人材像は何か」
②マネージャー層ヒアリング	各現場の運用状況、顕在化している課題や経営・人事への要望事項を確認するため	さまざまな職場の管理職からバランスよく選定	■「現在の仕組みで社員の実力に応じた評価・登用ができているか」 ■「人事制度は社員にとって分かりやすいものになっているか」
③プレーヤー層ヒアリング	マネジメントを受ける立場から見た人事の問題を確認するため	中堅層・若手社員層から選定	■「キャリア形成や教育制度などに対する不満や悩みはあるか」 ■「上司のマネジメントの状況はどうか」

層から見た事業運営の方向性や将来に向けた課題意識を確かめます。特に今後の事業計画を実現するために必要な組織体制や求める人材像のイメージを確認することが重要です。人事制度そのものについての意見聴取も必要ですが、経営戦略を起点に今後どのような人材マネジメントが求められるかを確認する場として、経営層とのコミュニケーションができると有意義です。

　JPN社のケースでは、職能資格制度を変更するべきか（また維持すべきか）という論点が最重要であるため、「今後の事業環境において、年功的な昇格運用をどこまで改める必要があるか」という点を中心に、経営層ヒアリングで確認することになりました。

(2) マネージャー層ヒアリング

　職場のマネージャー層のヒアリングでは、現状の人事の運用状況を確認することに力点を置き、各現場で顕在化している課題や経営・人事への要望事項を聞き取ります。具体的には、「現在の仕組みで社員の実力に応じた評価・登用ができているか」「人事制度は社員にとって理解しやすいものになっているか」「人事運用が有能な社員のモチベーションにつながっているか」などを確認します。

　ヒアリングの人選に当たっては、部門・職種により意見の傾向差があると思いますので、さまざまな職場から対象者を選定することを推奨します。一方で人数規模が大きい企業では、社内の全マネージャーにヒアリングをしても収拾がつかなくなる状況が想定されますので、調査に投入できる作業工数や人員体制に合わせて対象範囲を検討してください（もし全員から意見を聞きたい質問がある場合は、アンケート調査で対応すると効率的です）。

　JPN社の場合は、定量分析で「ライン管理職の報酬水準が、同一資格等級の非ライン管理職よりも低いケースがある」ことが明確になりました。そのため、「ライン管理職が職責の重さに対して報酬面で不公平感や不満を感じていないか」などを中心に、マネージャー層のヒアリング

で確認することになりました。

(3) プレーヤー層ヒアリング

　職場のプレーヤー層（一般社員層）には、マネジメントを受ける立場から見た人事制度やマネジメントの問題を確認します。具体的には、キャリア形成支援や教育制度などに対する不満や悩み、上司のマネジメントの状況などを確認します。人事制度に起因・直結する不満が多く集まれば、優先度を上げて対策を検討してください。また、社員の働き方に応じてコースを新設・廃止する構想がある場合には、プレーヤー層の意見を慎重に確認する必要があります。

　人選に当たっては、自社の将来を担うであろう有能な中堅層・若手社員層の声を聞くことが優先されます。また、多様性に配慮した制度を検討するのであれば、多様な属性（性別・年代・入社経緯）から対象者を選定してください。

　JPN社の場合は、活躍の有無にかかわらず中高年層が一律的に厚遇されている傾向があるため、「若手から見て閉塞感がないか」「仕事のモチベーションに対して人事制度が影響しているか」などを中心に、プレーヤー層ヒアリングで確認することになりました。

3　コース・等級体系の決定

　ここからは等級制度の設計実務について説明します。まずはコース・等級体系の[1]改定対象範囲を特定し、[2]等級の基軸を確定した上で、[3]等級の数を設定します。

[1]改定対象範囲の特定

　まずは等級制度を改定する対象範囲を特定します。内部環境分析で得た情報を基に、「どの層を変えて、どの層を変えないのか」を明確化します。

前述のとおり制度改定をする際は、内容にかかわらず変更そのものに対してリスクが伴います。等級の基軸を変更する場合は、通常、全体を改定対象とすることになりますが、例えばコースを新設する場合やライン管理職の処遇を改善する場合など、目的が絞られている場合は、必ずしも全体的な制度改定が効果的というわけではありません。なお、部分的に改定する場合の典型例は、以下のとおりですので参考にしてください。

①管理職層だけを改定する例
　・中高年層を対象に処遇のメリハリを設ける
　・管理職層に専門職コースを新設する
②一般社員層だけを改定する例
　・初任管理職になるまでの昇格スピードを変更するため、等級の
　　階層を少なくする
　・数年前に制度改定した管理職層に追随して一般社員層にも職務
　　等級制度を導入する
③特定のコースだけを改定する例
　・定型業務の減少に伴い、一般職を廃止する
　・専門性・希少性が高い特定の職種だけ、外部から契約社員で採
　　用できる枠組みを設ける

[2]等級の基軸の確定

　自社に適した等級の基軸を判断する上での論点は、第3章までで詳述したとおりです。職能資格制度を適用する企業においても、必ずしも「現行制度から等級の基軸を変更することが正しい」というわけではありませんので、それぞれの制度のメリット・デメリットを勘案しながら等級の基軸を確定してください。その際、理想として導入したい制度を求めるだけでなく、現行制度からの変化の幅を勘案して、実現可能性の高い仕組みを採用する必要があります。

なお、管理職層と一般社員層で別の基軸を採用するケースでは、職責の大きい上位階層ほど成果反映型の人事制度とするケースが一般的です。逆に例えば、「非管理職が職務等級制度、管理職が職能資格制度」というパターンはほぼ目にしたことがありません。

[3]等級の数の設定

設計時点で等級制度が存在しない会社においては、等級制度を導入する際に全社員の仕事のレベルを分析して、社内のあるべき階層数を検討するプロセスが必要になります。一方で、現等級制度が存在する企業では、新しい等級の基軸に沿って「現状の階層数に過不足はないか」を議論の上、新制度の等級数を決定します。等級制度の階層数の増減に関して、一般的なメリット・デメリットは［図表4-8］のとおりです。

例えば、企業の人員規模が急激に拡大している企業では、組織構造の変化に合わせて等級階層数を増やす検討をするケースが多くあります。一方で、JPN社のケース［図表4-9］のように、職能資格制度から役割等級制度へ変更する場合は、等級制度を改定前より減らす選択がしばしば見られます（等級の「ブロードバンド化（大ぐくり化）」と表現します）。

［図表4-8］等級階層数の多寡（増減）によるメリット・デメリット

パターン	メリット	デメリット
等級の数が多い場合 （または現状比で増やすケース）	■ステップアップすべき階層が多く、昇格の機会が増える ■同一等級内の仕事のレベルがそろいやすい	■最上位階層に昇格するまで時間がかかるように見える ■上位／下位等級間の業務レベルの差が分かりにくい ■役職や仕事の内容と階層設計が一致しにくい
等級の数が少ない場合 （または現状比で減らすケース）	■最上位階層に昇格するまでスムーズに見える ■上位／下位等級間の業務レベルの差が分かりやすい ■役職や仕事の内容と階層設計が一致しやすい	■ステップアップすべき階層が少なく、昇格の機会が減る ■さまざまな業務レベルの人材が同一等級に混在しやすい

[図表4-9] 等級のブロードバンド化〈モデル企業JPN社の例〉

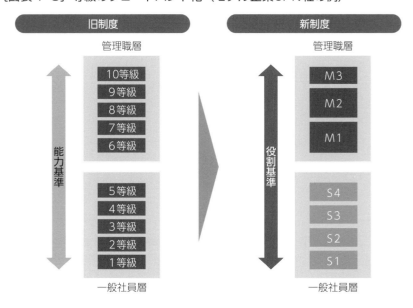

ただし、業務遂行レベルに応じて階層数をシンプルにするといっても、例えば、「新卒入社後、20代での昇格機会がない」というような仕組みの場合、若手社員の意欲を損ねる懸念があり注意が必要です。

なお、等級制度で階層数を設定した後で、それぞれの等級の報酬水準を策定するのが基本的な設計フローですが、新等級に対応する基本給や年収水準を事前に想定しておくと、設置する等級階層数の妥当性を判断しやすくなる場合もあります。

4 等級定義の策定

等級体系を設定するだけでは、求められる能力や役割が明確にならないため、人材を格付ける基準として成立しません。そのため、階層ごと

に求められる人材の要件を等級定義として明文化します。等級定義の策定は等級制度設計の中で最も技術が必要となる部分です。実務書としての本書の性質上、作業手順が明確になっているほうが理解しやすいと思いますので、以下で設計工程を分解して説明します。具体的には［図表4-10］のマトリクスをイメージして設計を進め、等級定義を完成させます。

　なお、既述のとおり、職能資格制度の場合は「職能資格基準書」や「職能要件書」、役割等級制度の場合は「役割基準書」として等級定義を設定します。基本的な進め方は共通していますので、本節では役割等級制度における設計プロセスを例にとって説明します（なお、以下では、全職種で共通の等級定義を策定するケースを前提とします）。

[1]階層別の業務遂行レベルを定義

　自社内の業務遂行レベルを相対化して、前節の検討であらかじめ設定した等級階層に当てはめていきます。［図表4-10］のマトリクスの縦軸

［図表4-10］等級定義の策定方法の一例

		役割の構成要素 (2)役割の構成要素を検討					等級	等級定義
等級	階層別の業務遂行レベル	改革・挑戦	課題設定	課題遂行	…			
M3	本部長（経営幹部）	XXX	XXX	XXX			M3	XXXXXXXXXXXX
M2	部長（上級管理職）	XXX	XXX	XXX			M2	XXXXXXXXXXXX
M1	課長（初級管理職）	XX	(3) 役割の構成要素ごとに階層別の期待値を設定				M1	(4) 構成要素別の視点を集約→等級定義の完成
S4	周囲の取りまとめ	XX					S4	
S3	工夫・応用	XX					S3	
S2	自主的に遂行	XXX	XXX	XXX			S2	XXXXXXXXXXXX
S1	詳細指示で遂行	XXX	XXX	XXX			S1	XXXXXXXXXXXX

(1)階層別の業務遂行レベルを定義

の等級間の違いを検討する作業です。

　まず、管理職層の役割等級については、例えば、以下のように役職の
レベルに応じて3階層（M1～M3）に分割します。

> M3：本部長（経営幹部）レベル
> M2：部長（上級管理職）レベル
> M1：課長（初級管理職）レベル

　5階層以上で設計しようとすると、管理職の職域として役割を細分化
することが難しくなりますが、上記のM2とM1の間に「副部長レベ
ル」、M1の下に「サブリーダーレベル」などのレイヤーを設けること
も不可能ではありません。求められる業務遂行レベルに照らして検討す
べきです。

　次に一般社員層の場合は、業務習熟や関与度のレベルに応じて検討し
ます。例えば、総合職が4階層（S1～S4）の場合、以下のように汎用
的に定義することができます。この段階では暫定的なものなので、シン
プルな内容で問題ありません。

> S4：周囲の業務の取りまとめをしているレベル
> S3：工夫・応用をしながら業務を遂行しているレベル
> S2：包括的な指示の下、自主的に仕事をしているレベル
> S1：詳細な指示を受けて仕事をしているレベル

　役割等級制度の場合は、人材を等級に格付ける上で、要件に沿った業
務遂行を実際に「している」ことが重要になります。一方で、職能資格
制度であれば、能力による格付けなので「できる」といった表現が適し
ています。

　なお、役割等級制度においては業務上の立場を端的に表したほうがシ
ンプルで分かりやすいこともあります。そのため、職種によっては、以
下のような設定の仕方（IT企業などをイメージした例）も可能です。

G3：受託案件のプロジェクトリーダーに従事しているレベル

G2：プロジェクトリーダーの補佐に従事しているレベル

G1：プロジェクトリーダーの指示の下、業務を遂行するレベル

　他の例として小売業では、店長／店長補佐／上級店舗スタッフ／初級店舗スタッフなど、店舗における権限や立場で明確に区分することも考えられます。

　もし上記の作業の中で、階層別のレベルの違いを文章で表現できない場合は、そもそも業務実態に対して設置する階層数が多い懸念がありますので、階層を減らすことを再検討するのがよいでしょう。

　なお、設計段階で等級制度を設けていない企業や、既存の制度をよりどころにせずゼロから新しい等級体系を検討する企業では、等級定義と階層数の検討が同時並行になります。具体的には、自社内の業務を洗い出した上で業務遂行の難易度を分類し、上記の業務遂行レベルの検討作業を実施しながら、設置する等級階層数も合わせて確定します。

[2]役割の構成要素を検討

　次に、自社の人材を格付ける上で求める視点について要素を細分化します。設計手順としては、[図表4-10]のマトリクスの横軸に並べる項目を検討するプロセスです。例えば、業務に求められる「課題設定の大きさ」「マネジメントの範囲」「人材育成の関わり方」などの視点で設定します。このプロセスは等級定義策定において必須ではありませんが、要素別に期待値を整理しておくと最終的に等級定義全体の整合性が確認しやすいため、実施することを推奨します。加えて、要素別の期待値をそのまま人事評価の基準としても活用できる、というメリットもあります。

　既述のとおり、役割等級制度においては「役割」の定義に、企業固有の価値意識や期待事項を反映します。企業の求める人材像を等級定義で

メッセージ化する場合、「チャレンジ」「リーダーシップ」「主体性」など
を役割の構成要素に含めるケースがあります。これらは役割を担う人材
の「行動姿勢」を問う要素であるため、純粋な職務上の役割として考え
ると一見なじまないのですが、「どのようにして本人が役割を遂行・拡
大しているか」という視点を含めて、役割等級の要件を定義する場合が
見られます。

　JPN社では、役割等級への移行を検討するに当たり、役割の定義を
「改革・挑戦」「課題設定」「課題遂行」「リーダーシップ」「人材育成」
「責任・信用」の六つの視点で整理しました。JPN社では創業以来の主
力事業の成長が鈍化しており、今後急ピッチで新事業を拡大する必要が
あるため、期待する人材像のメッセージとして「改革・挑戦」を最優先
すべきという考え方です。コンプライアンスを順守することを重要視す
るために「責任・信用」というキーワードも、役割の構成要素に含めま
した。

[3]役割の構成要素ごとに階層別の期待値を設定

　上記で設定した構成要素のそれぞれについて、階層別の期待値を設定
します。設計手順としては、[図表4-10]のマトリクスの中身を埋める
プロセスです。[1]で暫定的に定義した業務遂行レベルに対し、[2]で設
定した項目別に求められる視点や行動を検討します。例えば、JPN社の
設定した「リーダーシップ」の項目であれば、本部長クラスのM3では
「全社最適の視点で部門を牽引している」、課長クラスのM1では「目標
を示し、率先して行動することでチームメンバーを動機づけている」と
いう期待値の整理が可能です。一方で、入社間もないS1では社内での
「リーダーシップ」というより「チームワーク」が重要であり、「社内の
関係者と信頼関係を築いている」ことが必要だという期待値の設定がで
きます　[図表4-11]。

　また、「人材育成」の項目であれば、管理職は「部下の成長支援・育成」

等級	階層別の業務遂行レベル	役割の構成要素				
		改革・挑戦	…	リーダーシップ	…	責任・信用
M3	本部長（経営幹部）	XXXX		全社最適の視点で部門を牽引している		XXXX
M2	部長（上級管理職）	XXXX		：		XXXX
M1	課長（初級管理職）	XXXX		目標を示し、率先して行動することでチームメンバーを動機づけている		XXXX
S4	周囲の取りまとめ	XXXX		：		XXXX
S3	工夫・応用	XXXX		：		XXXX
S2	自主的に遂行	XXXX		：		XXXX
S1	詳細指示で遂行	XXXX		社内の関係者と信頼関係を築いている		XXXX

が期待事項になるのですが、S4の中堅層は「業務指導・アドバイス」が役割として求められます。一方で、S2・S1の実務層は通常は業務指導する対象がいないため、「自己研鑽」に軸足を置いた期待値を設定することになります。上記の要領で[2]のプロセスで設定したすべての項目について、役割等級別に求める期待レベルを設定することが求められます。

　なお、等級定義策定における期待値設定のポイントとして、組織の実在者の平均で期待値を設定してしまうと、経営として人材に要求するレベルが安易なものになりがちです（容易に上位等級に昇格できる仕組みになってしまいます）。そのため、各等級の実在者のレベルよりも少し難しい水準で期待値を設定することが重要です。

[4]構成要素別の視点を集約→等級定義の完成

　[3]で要素別に定義した内容を集約して、社員格付けに活用する階層

別の等級定義を策定します。例えば、JPN社のM1であれば、「チームリーダーとして方針を策定し、所管業務のマネジメント・生産性改善、部下の育成・動機づけ、およびリスク管理を行う」といった内容です。それぞれの構成要素の期待値が網羅的に集約されていることが必要な一方で、等級に求められる役割がなるべく端的に表現されていることがベターです。それぞれの視点を集約した結果、長文になり読みにくい場合は、箇条書きにするなど工夫するのがよいでしょう。この最終的な等級定義は [1] で暫定的に策定した階層別の業務遂行レベルの "清書版" という位置づけであり、「役割基準書」として人事関連規程や人事制度マニュアルに掲載します。

　また、上記は全職種で共通の等級定義を活用する想定で解説しましたが、職種別（あるいは部門別）に期待基準を区別するケースもあります。その場合、例えば [1] [2] の枠組みは共通としながら、[3] [4] の期待値の内容については職種別の業務特性を反映した上で策定します。職種別に定義すると、各職種の実務に即した具体的な内容となるため、「経営の期待が伝わりやすい」「昇格管理や人材育成への活用がしやすい」といったメリットがあります。一方で職種別の等級定義を設けることで職種間の整合を取る難易度が上がり、運用が複雑化するデメリットもあります。そのため、人材マネジメントを職種別に最適化する必要性や職種間のジョブローテーションの有無などを考慮の上、細分化の是非を決定することになります。

5　役職任用ルールの検討

　等級体系・等級定義の設計が完了したら、それぞれの役職が新しい等級制度のどの階層に該当するか対応関係を整理します。また、役職定年制度についても設置・改廃を検討します。

[1]役職任用ルールの整理

　制度の類型による役職任用の原則的な考え方は、第2章で説明したとおりですので本章では省略しますが、制度改定の実務においては、現状（制度改定前）の設置役職を前提に考える必要があることがポイントになります。

　多くの企業では業種・業態に応じて、部長・課長以外にも工場長・室長・店長などさまざまな肩書が用いられています。役割等級制度を導入する場合、（等級定義を策定する段階で想定済みかもしれませんが）「工場長が本部長クラス」「室長が部長クラス」「店長が課長クラス」などと、現存するすべての役職を新制度の役割等級のレイヤーに紐づけし直すと運用がしやすくなります。

　また、等級体系を改める際に、必ずしも現状の役職を踏襲せず不要な役職を整理することも考えられます。職能資格制度では、課長以外に課長代理・課長補佐・課長心得・担当課長などのいわゆる「代理職」がありますが、役割等級制度では、自社内で他の役職と役割が重複する役職や、役割の概念がはっきりしない役職は改廃を検討するのがよいでしょう。例えば、「課長代理」が課長と同等のライン管理職の業務に従事しているのであれば、課長代理を廃止して課長に集約します（対象者は全員昇進扱いとなります）。また、「担当課長」が事実上は一般社員層と同じ仕事をしているのであれば、担当課長の呼称は廃止して該当者は無役とします。

　ただし、過去の昇進結果で会社が与えた肩書を人事制度の都合で否定してしまうと、当該社員のモチベーションを毀損してしまう恐れがあります。そのため、人事制度上の役職は再編しながら、名刺上の呼称は現状のものを継続するなど柔軟に対応するとよいと思います（上記の担当課長を廃止する例でいえば、名刺上の肩書は「担当課長」を継続するということです）。また、設置役職の見直しにおいて「GM」「ディレクター」「マネージャー」などの英語呼称を用いるケースも一般化しているので、

第4章　どのように制度設計を進めるか

業界や社風を勘案して検討してください。

　なお、組織管理上のルールとして職務分掌規程や役職規程などを設けている場合は、等級制度の改定と役職の改廃に伴い、現行の内容について確認の上、追加すべき要素や修正すべき要素がないかを必要に応じて検討します。

[2]役職定年制度の検討

　役職定年制度は定年退職より前に一定の年齢を基準にポストオフする仕組みで、中堅・大企業を中心に慣習的に運用されているものです。2022年の労務行政研究所の調査では、調査企業全体の29.1％が実施しているという結果でした［図表4-12］。役職定年制度を導入している企業では、55歳以降を基準にポストオフするケースが一般的ですが、65歳まで定年延長をした企業においては、60歳まで遅らせているケースもあります。

　役職定年を設置する主なメリットは、役職に任用する人材の入れ替わりを促すことです。一方で主なデメリットは、ポストオフ後の人材を適切に処遇・モチベートしにくいことです。役職定年によりポストオフした人材は、等級制度上はプレーヤーの等級に降格させるか、同じ等級のまま役職を降りることになります。また、ポストオフ後に従事する新し

［図表4-12］役職定年制度の実施状況（規模計・産業別）

—（社）、%—

区　分	全　産　業				製造業	非製造業
	規模計	1,000人以　上	300〜999人	300人未　満		
合　計	(292)100.0	(87)100.0	(118)100.0	(87)100.0	(113)100.0	(179)100.0
実施している	29.1	34.5	33.9	17.2	32.7	26.8

資料出所：労務行政研究所「人事労務諸制度の実施状況」（2022年）

い仕事を割り当てる必要もあり、当該人材層が担当する業務の創出に苦心する企業も見られます。

役職定年制度は年齢を基準に処遇を判断する仕組みであるため、業務上の貢献度を処遇に反映する職務等級制度・役割等級制度のコンセプトには理論上は整合しません（厳密には職能資格制度も年齢基準の考え方ではないため、本来は整合しないといえます）。ライン役職者のみ年齢を基準に一律的に処遇が下がる仕組みは人事観と矛盾しており、一定年齢に到達していてもパフォーマンスを発揮できる人材は役職を継続すればよい、という考え方が自然です。とはいえ、社員の年次構成や事業運営の状況から組織の新陳代謝を優先せざるを得ない場合は、等級制度の類型にかかわらず役職定年制度を運用する例もあります。

JPN社も、組織の高年齢化による若手の閉塞感が課題だったため、役割等級制度に改定後も役職定年制度を継続することになりました。ただし、特に優秀な人材（かつ後継者がいないポジション）はポストオフの年齢に到達しても役職を継続できるよう、職場が人事部門に対して特別に申請できるルールを設けました。その場合、1年単位で継続可否を判断することとし、後継者の育成計画の提出を必須とした上で、できるだけ早く次の世代に役職を譲ることを意識づける仕組みとしました。

6　専門職コースの制度設計

複線型人事制度の設計パターンは第6章のケーススタディーでも紹介しますが、専門職コースの設計は他のコース設計と比較して検討論点の個別性が高いため、本節で詳説します。

大前提として、現代の企業では仕事が専門分化されており、「専門職」の肩書の有無にかかわらず、それぞれの社員が何らかの専門性を持っているケースもあります。そのため「業務遂行においてすべての社員が専

門性を生かし、その結果によって処遇されている」という見地に立てば、あえて既存の人事制度に専門職コースを新設する必要はありません。一方で、「社員の中で特に高度な専門性を持っている人材層を特定化して処遇する」意図がある場合は、専門職コースの設置を検討すべきということになります。

　労務行政研究所の調査（2022年）では、「管理職層における専門職制度」の導入割合は規模計で38.3％となっています［図表4-13］。今後も、世界的な競争激化において、研究開発・ソリューション営業・デジタル技術などのスペシャリストの育成・確保が急務になる企業が増えるはずです。また、社員のキャリアの多様性・選択性の確保の観点からも、企業が専門職の処遇枠組みを設置する有用性が高まっているといえます。

　なお、本書では管理職層に専門職コースを設置するケースを想定して説明しますが、企業によっては「管理職になる時点でキャリアの見極めを行うのは遅い」という考えの下、一般社員層にも専門職コースを設ける場合もあります。その場合、30代やそれ以前から、特定の研究やエンジニアリングの領域に従事するキャリアを選択できることになります。

［図表4-13］管理職層における専門職制度の導入状況（規模計・産業別）

—(社)、%—

| 区　分 | 全　産　業 | | | | 製造業 | 非製造業 |
	規模計	1,000人以　上	300〜999人	300人未　満		
合　計	(196)100.0	(75)100.0	(77)100.0	(44)100.0	(79)100.0	(117)100.0
導入している	38.3	41.3	39.0	31.8	45.6	33.3
導入していない	61.2	58.7	59.7	68.2	53.2	66.7
その他	0.5		1.3		1.3	

資料出所：労務行政研究所「等級制度と昇降格に関する実態調査」（2022年）

さらに近年は、データアナリストなどの特定職務に対し、新卒採用時から専門職として募集枠を区分して、その職務に見合った報酬を支払う企業も見られます。

　また、技能職などを中心に特定のスキルがある熟練工を「マイスター」や「技能エキスパート」として社内認定する仕組みもあります（その多くは等級制度上の専門職コースの設置にかかわらず専門性を認める肩書を付与する仕組みであり、以降の解説からは割愛します）。

[1]専門職コース設置のメリット・デメリットの把握

　専門職コースを設置すべきか（または廃止すべきか）という議論をする上で、専門職コース設置のメリット・デメリットを確認します。下記は、専門職がない制度と比較した場合の特徴です。

(1)専門職コースのある人事制度のメリット

・プレーヤー志向の人材へ、管理職以外のキャリアルートを示すことができる
・特定業務の専門家を外部労働市場から採用・処遇しやすくなる
・自社に必要な専門性を要件化・評価することで、専門人材の育成や専門家コミュニティーの形成が促進できる

(2)専門職コースのある人事制度のデメリット

・管理職不適任者を処遇する枠組みとして運用される場合、人件費が上がりやすい
・専門人材の要件定義が難しい業種・職種の場合、格付けや処遇の妥当性が判断しにくい
・社内の他職種と比較したときに専門職の処遇の優位性に納得感がなければ、社内から不満が出やすい

　上記を要約すると、①制度設計としては理想的な人材活用の枠組みを設けられる一方で、②厳格に運用しなければ、専門職を設置しても必ず

しもメリットが得られない、ということになります。そのため、これから専門職を導入する企業では、導入のリスクを理解した上で専門人材のイメージや運用方法と併せて制度を詳細に検討することが必要になります。

　また、専門職の登用には、社内の人材を育成して格付ける「内部育成型」と社外から適正な人材を採用する「外部採用型」のパターンがあります。内部育成型と外部採用型のどちらに比重を置くべきかは企業によって異なりますので、将来も含めて想定される運用を熟慮の上でコース設計を検討することが求められます。

[2]専門職に該当する人材イメージの詳細検討

　専門職を設置（または改定）する上で一番重要なのが、自社でどのような人材が専門職に格付けされるかという点です。前述のとおり、多くの社員が何らかの専門性を持っている企業もあり、その場合は、AさんとBさんは「専門性がある」、それ以外の人は「専門性がない」といった単純な線引きが難しいと思います。また、「研究職」や「エンジニア」など職種による区分が明確（かつ、それ以外の職種からの専門職登用は認めない仕組み）ならば運用しやすいですが、そうでない場合は専門職に該当する人材イメージをできる限り具体化するのが重要です。

　そのため、自社のそれぞれの職種において、採用・処遇上の観点でどのようなレベルの人材が専門職として想定されるのかを検討してください。例えば、一般的に考えられるハイレベルな人材であれば、以下のようなケースが想定されます。

・研究開発分野で、世界的に珍しい基礎研究をしている人材

・経営企画分野で、新事業のビジネススキームが組める人材

・財務経理分野で、公認会計士・税理士の資格を持っている人材

　また、もう少し社内で一定の人数が該当しそうなレベルでいえば、以下のような人材が挙げられます。

> ・法人営業分野で、特殊性の強い業界の案件を推進できる人材
> ・製造技術分野で、自社業務と関連する学術領域の修士課程を修めている人材

　初期段階では、「法務部であればCさん」「営業企画部であればDさん」というように、具体的な人物を想定しながら議論を進めるのもよいでしょう。まずは自社における専門職の範囲・境界線とその大まかなイメージを持つことが重要です。

　その際、知識や技術の専門性の純粋な高さ以外に、希少性の観点でも検討が必要です。企業で専門職の人材要件を定義する場合には「余人をもって代え難い」という表現が慣用的に使われます。つまり、他の人材による代替性が低い職務・人材ほど専門職として処遇する意義があるということになります。それが「社内において代替できないレベル」なのか「業界全体において代替が難しいほど希少なレベル」なのか、という水準観を明確にしておくと、その後の等級体系の検討がしやすくなります。

　なお、上記はあくまで自社内の実在者を想定した場合の検討イメージですが、自社にない専門性を持つ社員を将来外部から採用するために、専門職コースを設ける場合もあります。その場合は、中長期のビジネスの展開においてどのような人材の獲得・確保が必要になってくるかを念頭に置き、等級制度を検討していくことになります。

[3]専門職の等級体系検討の詳細論点

　専門職の人材イメージが固まったら、その人材を処遇するための等級制度を設計します。

(1)報酬水準のイメージ

　報酬の詳細設計は等級制度を確定した後に実施しますが、専門職として処遇したい報酬水準を大まかに決めておくと等級体系の検討がしやすくなります。採用市場の相場観から、具体的に「800万～1300万円」な

どと絶対水準を決めるケースもあれば、社内の「課長クラスと同水準」というように既存の人事制度との公平性を勘案して決定する場合もあります。

「競合と比較して優位性を保ちたい」あるいは「さまざまなスペシャリティを持つ人材を柔軟に採用したい」という趣旨であれば、あえて専門職コースの報酬上限額は設定しない、という考え方もあります。希少性の高い人材に対しては、プレーヤーであっても部長クラス相当で処遇することもありますし、業界によっては、高度専門人材に役員クラス相当の報酬額を設定するケースも珍しくありません。

(2) 等級階層の設置数

専門職コースの人材は、専門職として認定された時点でキャリアの位置づけが明確になっています。外部採用型で考えるのであれば、専門職コースは幅広い報酬水準で処遇できるようにする必要がありますが、採用する職務の専門性や希少性に明確な違いがなければ、等級制度として細かく階層化しないケースも見られます。

ただ、内部育成型の場合や、外部から採用したスペシャリストが長期で勤務することを想定する場合は、専門職に認定された後のキャリア形成の観点で階層化が必要になります。そのため、大企業を中心に、等級を2階層以上に分割するケースが見られます。1階層の場合と2階層の場合の一般的なメリット・デメリットの比較は［図表4-14］のとおりです。

2階層に分割する場合、例えば「業界全体において代替が難しいほど希少な専門人材」を上位等級、「それ以外の専門人材」を下位等級に整理します。専門職コースに階層を設置する場合の注意点は、専門職としての昇格の基準をしっかり決める必要があることです。また、昇格対象となる専門職と同じ領域の専門家でなければ「その領域内でさらに高度な専門性の基準」を定義づけ、判定することは容易ではありません。そのため、「社内において誰が昇格を判断するか」という人選が重要にな

[図表4-14] 専門職1階層と2階層の場合の比較

	専門職1階層	専門職2階層
イメージ	管理職：M3 / M2 / M1　↔　専門職：SP　←　総合職	管理職：M3 / M2 / M1　↔　専門職：SP2 / SP1　←　総合職
メリット	■専門職コース内で格付け決定のためのレベル定義や個別の判断をする必要が生じない	■対象層の専門性・希少性のレベル差によって格付けを区分することができる ■専門職のキャリアの中で昇格機会を示すことができる
デメリット	■対象層に専門性・希少性のレベル差があっても格付けを区分することができない（ただし設計次第で報酬額の差は設けられる） ■専門職のキャリアの中で昇格機会を示すことができない	■専門職コース内で特にレベルが高い人材の定義・判断が難しい

り、対象となる職種ごとに昇格決定の担い手を決めるのも大切な論点になります。

(3)該当職種の想定

　専門職コースの認定において、「該当職種を特定するか」あるいは「企業内の全職種を想定するか」を検討します。例えば、製造業の場合は「研究開発職だけに限定する」というパターンもあり得ます。人件費管理の政策上、過度に厚遇する必要のない職種や事業部門から多くの専門職が登用される状況を防ぎたい場合は有効です。

　一方で、各職種・各事業部門に対してキャリアの選択機会を平等に提示すべき、という方針であれば、職種を限定せずに運用する方法もあり

ます。

(4)在籍する人材のタイプ

　専門職の登用パターンとして内部育成型・外部採用型を解説しましたが、それ以外に実際の企業の運用では、ライン管理職からポストオフした人材を専門職コースに格付ける場合もあります。

　厳格な運用を志向し、専門職コースに在籍する人材の"純度"を高めるのであれば、ポストオフした人材に対して新たに専門職認定の審査をすることが重要です。真に専門性の必要な業務に従事する人材のみ専門職として再格付けしつつ、そうでない人材は認定しない（例えば、降格とする）ことになります。

(5)専門職の呼称

　専門職の人事制度上の呼称は企業・職種によりさまざまですが、多くは「専門職」「高度専門職」「スペシャリスト」「プロフェッショナル」などの呼称が用いられます。役割等級を階層化する場合であれば、例えば、「SP1・SP2」など、スペシャリストにちなんだ等級名称を付ける例が多く見られます。

　名刺に記載する呼称（タイトル）については、上記の内容とは別に、業界・職種の中で通用性の高い肩書や、特別感がありモチベーションにつながる呼称を任意に採用することでよいと思います。例えば、「セールス・プロフェッショナル」「主席研究員」「チーフ・ディレクター」などが該当します。コストをかけずに動機づけができる、という観点で、呼称の検討は重要です。業界内で通用的な呼称を用いる視点も必要ですので、人事部門で多くの制限を設けず、事業部門による提案・申請の中で柔軟に決定するルールを設けるのも一案です。

[4]人事評価制度・報酬制度・就業管理制度の検討

　専門職コースの設計においては、人材活用のために「自社内のライン管理職やプレーヤーとどのように報酬や労働条件の差異を設けるか」と

いう点の検討も重要です。人事評価・報酬・就業管理制度において、専門職コースに対してのみ固有のルールを適用する場合もあります。例えば以下のような内容です。

①人事評価制度

- ・専門性の活用・発揮を重視した評価基準で評価する
- ・定性評価を実施せず、目標管理制度の実績のみで評価する

②報酬制度

- ・専門職コースのみ年俸制度を導入する
- ・管理職比で賞与評価の反映幅を拡大する
- ・営業など成果の見えやすい職種において、成功報酬型のインセンティブ制度を導入する

③就業管理制度

- ・専門職コースは裁量労働制とする
- ・完全テレワークでの勤務を採用する
- ・ミッションの遂行に支障がない範囲で副業・兼業を許容する

上記の③就業管理制度のように、金銭報酬だけでなく、裁量や仕事のしやすい環境を提供することで、専門職の確保・定着に一定の効果が見込めることがあります。併せて、専門職コースと他のコースと条件を区別することで「スペシャリストとしての特別感」を演出することができ、モチベーションにつながるという点も期待できます。

一方で、専門職ばかり優遇していると、それが適用されない通常の社員から不満が表出するケースもありますので慎重な検討が必要です。コース間で差異を設けること自体を目的化する必要はありませんので、専門職の採用・定着や活性化の必要性から、特別な措置が必須かどうかを検討するとよいでしょう。

7 職務等級制度の職務評価・ジョブディスクリプション

　ここからは職務等級制度の設計に特化した内容を説明します。職務等級制度は、ポジション起点で設計をする観点で、職能資格制度・役割等級制度と性質が異なります。職務等級制度を導入する上では職務評価の実施が必須になります。本節では、第2章で解説した要素別点数法で職務評価を実施する場合の進め方の例を紹介します。また、通常、職務等級制度ではポジションの要件定義としてジョブディスクリプションを整備しますので、その具体的な記述イメージを解説します。

[1] 職務評価

　既述のとおり、職務評価は社内の各ポジションにおける職務の価値を測定する仕組みです。ポジションに就いている人材の能力ではなく、ポジションにおいて求められる職務の内容を評価の対象とし、その結果を用いて職務等級（ジョブグレード）を判定します。

　職務等級制度の導入後はポジションの要件定義であるジョブディスクリプションの職務情報に基づき職務等級を決定することになりますが、初めて導入する企業では現任者やその上司に対してポジションの概要を調査しながら、当該ポジションの職務価値を決定するプロセスが必要になります。その際、現職者がハイパフォーマー（またはローパフォーマー）の場合は、現職者のパフォーマンスの程度にポジションの評価が左右されやすいので注意が必要です。

　職務評価を実施する上では、それぞれの企業の実態に合わせて評価の要素や尺度を検討します。評価の客観性を高めたい場合、世間で既に実践されている職務評価ツールを活用することを推奨します。職務評価ツールは、コンサルティングファーム各社が独自のソリューションサービスを提供していますが、筆者が所属する三菱UFJリサーチ＆コンサル

[図表4-15] 要素別点数法の職務評価の例
　　　　　　　（三菱UFJリサーチ＆コンサルティング［Triple Cubic Approach］）

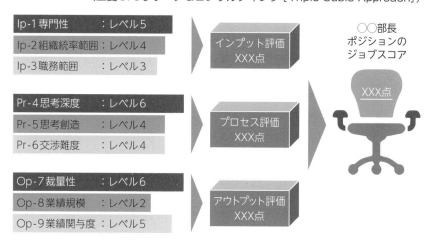

ティング（MURC）では、[図表4-15]のような枠組みで職務評価を
実施しています。

　具体的には、職務の構成要素を「インプット評価」「プロセス評価」
「アウトプット評価」の３要素に区分した上で、九つの評価基準で職務
の価値を点数化する仕組みです。それぞれの評価基準は段階的な尺度が
定義されており、例えば「専門性」について、自社の営業部長のポジ
ションであれば「レベル5」、研究開発部長であれば「レベル7」とい
うように、それぞれのポジションの専門性の高さを尺度に当てはめて判
定します。すべての評価基準のレベルが判定されたら、所定の計算方法
でスコアが算出され、最終的にはすべてのポジションについての職務価
値が明らかになります。

　さらに、各ポジションの職務等級を決定する上では、職務評価で算出
したスコアの高さと自社で設置する等級階層の関係性を定義することが
必要になります。例えば1点から200点までは1グレード、201点から
400点は2グレードというように、グレードに応じた点数のバンドを設

けます。そうすることで、微細な点数の違いであれば同じ職務等級になりますが、有意に職務価値が異なる場合、同じ役職相当のポジションであっても格付けに違いが生じる場合があります（例：営業部長は「グレード10」、企画部長は「グレード11」など）。

　なお、職務評価の決定においては、客観性を保つ上で「どのような仕組みで決定するか」と同じくらい「誰がどのようなプロセスで決定するか」が重要です。そのため、人事部門と事業部門との役割分担の整理や、職務評価委員会等の承認機関の設置などを検討してください。

[2]ジョブディスクリプション

　ジョブディスクリプションは、職務評価と並んで、ポジションで処遇する仕組みを構築するための重要な要素です。ジョブディスクリプションの記述に当たっては、なるべく精緻な内容を作成すべきという考え方もありますが、採用・異動・格付けなどの活用目的を充足していれば、詳細なタスクリストのように業務内容を羅列する必要はありません。多少のタスクの追加・変更があるたびに修正をしないで済むように、期待される成果や役割を普遍化したものを記載します。

　自社で初めて導入する場合のジョブディスクリプションの整備フローは［図表4−16］（左図）のとおりです。各ポジションの職務情報を記述する前段として、自社における活用目的［図表4−16］（右図）を整理するとよいでしょう。具体的には、ポジションの期待を示す以外にも外部人材採用やジョブポスティングの募集要件提示に活用するケースが多く見られます。また、整備したジョブディスクリプションを社内で開示する企業もあり、「全社でどのようなポジションがあり、どのような知識・スキルが求められているか」を示すことで自律的なキャリア開発やリスキリングを促す効果も期待されます。

　自社の活用目的が整理できたら、ジョブディスクリプションの整備単位やフォーマットを検討します。煩雑すぎて運用できなくなる状況を防

ジョブディスクリプションの整備フロー	代表的な活用目的		
1. 活用目的の整理	A	職務評価	職務評価によってポジションごとの職務価値を点数化する際の判断根拠とする
2. 整備単位の選択	B	目標設定	職務ごとに、どのような業務をどの程度の水準で遂行すべきかを伝達する
3. フォーマット検討（記載粒度・記載項目）	C	キャリア採用	キャリア採用を行う際、募集ポジションの人材要件をジョブディスクリプションを踏まえて作成する
4. 作成の担い手・承認の担い手の検討	D	異動・配置	ジョブディスクリプションの内容に基づき、社内公募などを行い、配置候補者を選定する
5. 職務情報の記述	E	サクセッションマネジメント	経営幹部または重要ポジションの人材要件を策定し、候補者選定および人材開発に活用する
6. 承認	F	人材育成	全社のポジションでどのような知識・スキルが求められているかを把握する

ぐため、メンテナンスコストも意識した仕様の決定が求められます。活用の目的によっては、必ずしもポジション別に作成する必要はありません。例えば、管理職はポジション別としながら、一般社員は職種別で整備する等、簡略化して導入する場合もあります。フォーマットもA3サイズ1枚くらいの情報量が必要なのか、その半分のA4サイズでよいかなど検討してください。なお、制度導入後はジョブディスクリプション記述の実務を人事部門から事業部門に依頼するのが現実的でしょう。

　ジョブディスクリプションの整備単位とフォーマットおよび作成・承

認のフローが整理できれば、ポジション別の職務情報の記述が進められます。[図表4-17] では「①ポジション概要」「②職務情報」「③能力情報」「④雇用条件」の区分ごとに、一般的な項目を紹介します。自社

[図表4-17] ジョブディスクリプションの主要な記載事項（例）

大項目	小項目	概要
①ポジション概要	職位名称	ジョブを特定・識別するために記載
	職位コード	多数のポジションを人事部門・事業部門で識別・管理するために記載
	ジョブグレード	当該ポジションのランクを明確にするために必要に応じて記載
	上司ポジション	指示系統を明確にするために記載
	作成日	更新などの運用のために記載
②職務情報	ミッション	採用・配置・評価に当たりポジション設置目的の端的な説明を記載
	主要な職責	難易度把握のため、ミッション遂行における代表的な職責を記載 ※記載した「主要な職責」以外の職務遂行も起こり得る旨を補記
	主要なKPI	ミッション・職責に付随するKPIを補足
	主要な社内関係者	職務における関係性やその難易度を推し測るために記載
	主要な社外関係者	
③能力情報	知識	採用・配置の参考情報として記載 必須条件と任意条件で区分するケースもあり
	スキル	
	経験	
④雇用条件	雇用時間	所定労働時間や労働形態（フレックスタイム制・裁量労働制など）を記載
	雇用形態	必要に応じて正社員や契約社員などの区分を記載
	勤務地	採用時の勤務地と社命による転居を伴う異動の有無、必要に応じてテレワークのルールなども記載
	職務変更の有無	職務内容の変更可能性の有無を記載

の活用目的やフォーマットに応じて必要な要素をピックアップして作成してください。

　なお、職務情報のメンテナンスについては運用上の論点として位置づけ、次章で紹介します。また、ジョブ型人材マネジメント・職務等級制度の導入実務に関してさらに情報が必要な場合は、本書と同じく労務行政から出版されている『ジョブ型雇用入門』（石黒太郎・小川昌俊・三城圭太 共著）も参照してください。

第4章　どのように制度設計を進めるか

第 **5** 章

どのように
等級制度を運用するか

1 昇格・降格運用の基本的な考え方

　第5章は「どのように等級制度を運用するか」と題し、導入した等級制度の運用方法について詳説します。等級制度運用の重要ポイントは「設計した等級制度の枠組みの中で誰を昇格（または降格）させるか」ということであり、これは自社で設定した昇格・降格ルール（職務等級制度においては職務変更ルール）に基づいて決定することになります。そのため、本章では昇格・降格ルールに関する一般的な考え方を中心に、運用スケジュールなどの細かい論点も含めて解説します。また、コース別人事制度・複線型人事制度を採用する企業ではコース転換ルールの設定も大切な論点ですので、併せて解説します。

[1]昇格運用の基本方針

　昇格のルールといえば面接・筆記試験などの昇格試験を第一に連想する方が多いかもしれませんが、企業内の昇格は「単に厳しい関門を設ければよい」というものではありません。昇格試験はあるべき昇格運用を実現するための手段です。そのため、等級制度を改定する場合、まず自社における昇格運用の「選抜性」「流動性」「自己選択性」の基本方針について改めて検討することを推奨します。これらの基本方針の議論を十分にしないまま、昇格試験の実務だけに着目をして審査方法のクオリティを追求する行為は、「木を見て森を見ず」ということになり、運用の失敗を招きかねません。

(1)昇格運用の選抜性

　「選抜性」では、昇格基準の厳格さや登用のスピードに関する基本方針を議論します。具体的には「現行からどのように昇格運用のメリハリをつけるか」「どの年齢層・等級階層で同世代と差がつく運用とするか」「管理職候補・経営者候補をどの年齢帯で見定めるか」などについて、

自社内で考え方を擦り合わせる必要があります。日本企業で人材の選抜が始まるスピードは、欧米に比べて遅い（＝年齢帯が高い）といわれています。また、多くの日本企業では、全体の統制・調和を優先するがゆえに有能な人材の抜擢などが起こりにくい運用になっています。したがって、「横並び人事」から脱却したい企業は、等級体系に合わせて運用面も柔軟に見直さなければなりません。

また、人材の選抜方法をイメージする上では、大きく二つの昇格運用の考え方があります。

Ａ：昇格候補となる人材のプールの中から最も有能な人材（または人材群）を絞り込むことを重視

Ｂ：実務で頭角を現している人材（または人材群）をスピーディーに登用することを重視

自社がＡの昇格運用を志向する場合、審査のスクリーニング（ふるい分け）機能を高めるため、多様な昇格要件を課すことがセオリーになります。例として、演劇の主役を選ぶオーディションをイメージするとよいでしょう。人材不足の企業であれば想定が難しいかもしれませんが、あるべき昇格率に対して昇格候補者が多い傾向にある企業を中心にＡの考え方を採る場合があります。また、同じ組織の中でも"イスの数"が決まっている一定層以上のポジションへの昇格に対しては、厳正な審査プロセスを設置することが有用です。活躍する人材が大勢いるとしてもすべてをリーダーに登用するわけにはいきませんし、職能資格制度であっても「能力さえあれば皆が最上位等級まで昇格できる」という運用は、人件費管理の観点からも成立しません。そのため、昇格基準の厳格性を高めて「ふるいにかける」ことが必要になります。

他方、自社がＢの昇格運用を志向するのであれば、むしろ昇格要件を軽減するのがセオリーになります。経営のリスク管理として、登用する人材を厳正にチェックすることが理想ですが、スピードを重視するので

あれば、なるべく絞り込んだ審査機会で昇格・昇進させる運用が合理的といえます。中堅・中小企業では「世代によって有能な人材が不足している」という声をよく聞きます。そのため、各世代で実際に仕事ができる人材をスピーディーに見極めて早期に登用する必要性が高く、逆に滞留年数などの「昇格要件の充足」のために昇格を遅らせるのは本末転倒です。

　もちろん大企業であっても、事業単位でリーダー人材が不足する場合や、環境変化に即してスピーディーな選抜を志向する場合がありますので、Bの考え方を選択する状況もあり得ます。このように「自社はどちらの昇格運用を志向するか」を念頭に置きながら、昇格試験などの設計・改廃を検討することになります。

(2) 昇格運用の流動性

　「流動性」では、人材の総量において「どの程度の数を昇格させる（または降格させる）見込みか」の基本方針を議論します。例えば、退職率が高い業界・企業では、時間の経過とともに一定割合で上位等級の人材が少なくなるため、「有能な社員であればどんどん昇格させたほうがよい」という考え方になります。一方で退職率が低く、人材が定着する業界・企業であれば、昇格率を一定程度に抑制しなければ、将来的に上位等級に人材が偏在し、人員構成はいびつな形になります。そのため、安定的で人材が定着する企業ほど昇格対象の絞り込みとともに降格運用を検討する必要性が高いともいえます。社員が高年齢化している多くの日本企業では、組織の若返りのために昇格者を増やすことを志向しますが、等級制度のピラミッド構造を最適化するためには、それと同時に降格の実施が求められます。昇格・降格運用の決定において、最も悩ましい論点の一つであるといえます。

(3) 昇格運用の自己選択性

　「自己選択性」は、近年特に重要視されるキーワードです。制度改定の目的として「自律的なキャリア形成」を標榜（ひょうぼう）する企業では、どのよう

に社員の自己決定感を持たせるかを、昇格運用のデザインに織り込む例が増えています。

　役割等級制度を採用する企業では、自己エントリー型の昇格ルールを取り入れるケースも見られます。また職務等級制度では、ジョブポスティング（社内公募制度）の仕組みを用いたキャリアアップを認めることがジョブ型人材マネジメントの考え方と調和します。キャリアや働き方の多様化を念頭にコース別人事制度を採用する場合は、コース転換ルールにおいても自己選択性を重んじる視点が求められます。

　昇格ルールは企業によって千差万別であり、改定する際に採用し得る選択肢の幅が広いため、上記(1)〜(3)で示した基本方針を議論しておくことがその後の設計に有用です。言い換えれば、昇格運用の基本方針を明確にすることで、それを具現化するための昇格・降格要件の内容や審査方法の妥当性判断が初めて可能になります。

[2]卒業方式と入学方式

　昇格要件を考える上で、伝統的な考え方として「卒業方式」と「入学方式」があります。卒業方式は現等級の要件を十分に満たしていることを根拠に昇格させることであり、入学方式は上位等級の要件を満たせるという予測を根拠に昇格させることです。つまり裏を返せば、入学方式は「現等級の要件を満たしているだけでは昇格できない」という考え方になります。

　「卒業」の見込みを証明するための手段としては、現等級での人事評価結果・経験年数などを要件化し確認する方法が代表的です。「入学」は、人材アセスメントや上司の推薦の中で包括的に「上位等級の期待値に適合できるか」を確認していきます。この場合、昇格審査の時点で対象者がまだ上位等級の仕事を経験していない状態のため、昇格後の業務実態の直接的な観察は難しく、あくまで「周辺的な情報から入学後の活躍可

能性を類推する」ということが原則になります。ただし、実態としては昇格前に上位等級の仕事を一部任せ、その遂行結果を基に判断している運用も多く見られます。

　昇格審査の実務に当たっては双方とも重要な要素なので、「卒業」と「入学」のどちらかに舵を切って考える必要はないのですが、自社の「昇格ルールにおいてどちらに比重を置くのか」という考えを整理しておくことをお勧めします。

　例えば、職能資格制度における典型的な考え方として、一般社員層の間は「卒業」の要件（以下、卒業要件）を重視しつつ、管理職層以上は「入学」の要件（以下、入学要件）も併せて確認します。また役割等級制度・職務等級制度は仕事基準で人材を格付ける仕組みであるため、「入学」の要件を重視するのが自然な考え方になります。

2　数字で見る昇降格運用

　昇格・降格ルールの詳細を説明する前に、世間の実態を把握するために主要な調査結果を概観します。いずれも労務行政研究所の「等級制度と昇降格に関する実態調査」（2022年）によるものです。

[1]昇格・降格を決定する要素

　[図表5-1] は昇格（昇進）の候補者決定において考慮する要素（複数回答）の回答です。「一般社員層内での昇格（昇進）」「一般社員から管理職への昇格（昇進）」「管理職層内での昇格（昇進）」の集計区分がありますが、どの区分でも「人事考課の結果」「上司からの推薦」がほとんどの企業で取り入れられている（それぞれ8割以上、7割前後が考慮する要素として回答）ことが分かります。「一般社員層内」においては、次いで、「現等級の滞留年数」が多い（5割超）一方、「一般社員か

[図表5-1] 昇格（昇進）の候補者決定において考慮する要素（複数回答）

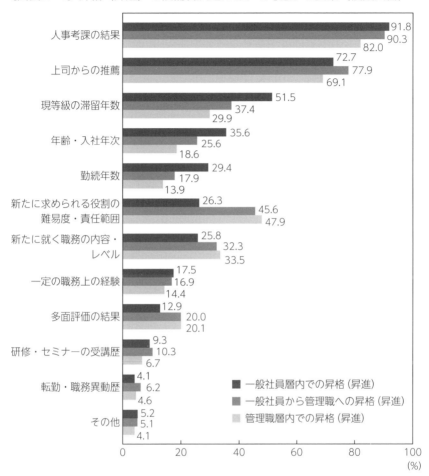

人事考課の結果 91.8 / 90.3 / 82.0
上司からの推薦 72.7 / 77.9 / 69.1
現等級の滞留年数 51.5 / 37.4 / 29.9
年齢・入社年次 35.6 / 25.6 / 18.6
勤続年数 29.4 / 17.9 / 13.9
新たに求められる役割の難易度・責任範囲 26.3 / 45.6 / 47.9
新たに就く職務の内容・レベル 25.8 / 32.3 / 33.5
一定の職務上の経験 17.5 / 16.9 / 14.4
多面評価の結果 12.9 / 20.0 / 20.1
研修・セミナーの受講歴 9.3 / 10.3 / 6.7
転勤・職務異動歴 4.1 / 6.2 / 4.6
その他 5.2 / 5.1 / 4.1

■ 一般社員層内での昇格（昇進）
■ 一般社員から管理職への昇格（昇進）
□ 管理職層内での昇格（昇進）

資料出所：労務行政研究所「等級制度と昇降格に関する実態調査」（2022年。以下、[図表5-5]まで同じ）
[注] 集計社数は「一般社員層内での昇格（昇進）」「管理職層内での昇格（昇進）」が194社、「一般社員から管理職への昇格（昇進）」が195社。

ら管理職」「管理職層内」では「新たに求められる役割の難易度・責任範囲」が昇格（昇進）判断において考慮されています（5割弱）。管理職層は一般社員層と比べて入学要件としての審査を重視していることがうかがえます。

第5章　どのように等級制度を運用するか

[2]試験・アセスメントの実施状況

　「一般社員層内」「管理職層内」の昇格要件において試験・アセスメントを課す割合はおおむね半数となっています［図表5-2］。「一般社員から管理職」においては、それよりも多い割合（約3分の2）の企業が試験・アセスメントを実施しています。経営者側の立場に足を踏み入れる管理職の選抜を各社が厳正に実施している状況が推察できます。

　また、試験・アセスメントを実施する企業の中では、階層共通で「面接」を実施している企業が多く、「一般社員層内」「一般社員から管理職」においては、「筆記試験・論文・レポート」を課している企業が多い（7割超）ことが分かります。

[3]若手優秀者の抜擢

　［図表5-3］は若手優秀者の早期抜擢に関する取り組みを聞いたもの

[図表5-2] 昇格（昇進）の可否を判定する際に実施する試験・アセスメント
　　　　　 等の実施状況（複数回答）

―（社）、%―

区　分		一般社員層内での昇格（昇進）	一般社員から管理職への昇格（昇進）	管理職層内での昇格（昇進）
合　計		(196) 100.0	(196) 100.0	(196) 100.0
実施している		51.5	66.3	47.4
実施していない		48.5	33.7	52.6
実施内容 「実施している」 ＝100% （複数回答）	実務・実技試験	14.9	9.2	8.6
	筆記試験・論文・レポート	74.3	71.5	45.2
	面接	67.3	80.8	82.8
	課題についてのプレゼンテーション	14.9	24.6	31.2
	適性検査・アセスメント	16.8	36.2	23.7

[図表5-3] 若手優秀者の早期抜擢に関する取り組み

—(社)、%—

区　分	全　産　業				製造業	非製造業
	規模計	1,000人以上	300〜999人	300人未満		
合　計	(185) 100.0	(76) 100.0	(69) 100.0	(40) 100.0	(72) 100.0	(113) 100.0
実施している	20.5	26.3	23.2	5.0	15.3	23.9
実施していない	79.5	73.7	76.8	95.0	84.7	76.1

です。2022年の調査段階では、抜擢に対して何らかの取り組みを実施している企業は全体の2割程度です。大企業のほうがやや「実施している」割合が高い傾向にありますが、それでも3割未満となっています。現状では、「飛び級」や特定層にのみ経験・トレーニングを付与する仕組みは浸透していないとみられます。

[4]職能資格制度における降格の有無

　本書では、「能力を基軸に判断する従来の職能資格制度は、理念的には能力が劣化するという前提に立っていないため、原則降格がない」という説明をしていますが、柔軟な運用のために降格のルールを設けているケースは職能資格制度を採用する企業のうち6割強となっています[図表5-4]。一方で、降格ルールの有無にかかわらず、実際に過去3年間で降格実績がある企業は全体の3割強に過ぎません。これは懲戒処分や役職定年による降格を除いた数字ですが、降格ルールを設けていても、実際の降格の実行は難しいことが推測されます。職能資格制度を採用する各社が常態的に降格者を発生させることを目的に降格ルールを設けているというよりは、問題社員や著しく評価の低い者が出た際の例外運用の措置として、念のためのルールを設定しているという状況と考えられます。

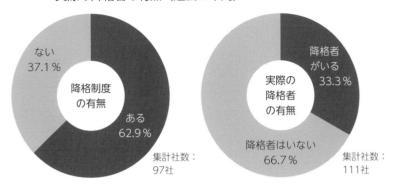

[5]役割等級制度・職務等級制度におけるダウングレードの有無

　役割等級制度・職務等級制度は、「等級が下がる（ダウングレードを伴う異動）」こともあるのが前提の制度ですが、実際の運用状況を調査したのが［図表5−5］です。過去3年間における実績として「等級が下がる（ダウングレードを伴う）異動」があった企業は、全体の4割程度です。役割等級制度では、一般社員層も管理職層も「等級が下がる（ダウングレードを伴う）異動」があった企業が5割前後となっており、上記の職能資格制度に比べると等級格付けが流動的になっている状況がうかがえます。一方で、職務等級制度の場合は「等級が下がる（ダウングレードを伴う）異動」があった企業がいずれも3割程度と役割等級制度よりも実績が低い結果となっています。これは、職務等級制度の場合、アサインされた職務に基づく厳密な等級格付けが行われるため、結果として役割等級制度よりも「等級が下がる」ケースが少なくなっているのではないかと思われます。

　以上、本書では代表的な調査項目に絞って説明しました。自社の昇格・降格ルールを設定する上で、他社の状況は参考になりますが、自社の経営環境・人事戦略によっては、必ずしも他社で採用率の高いルール

[図表5-5] 役割等級制度／職務等級制度における「等級が下がる（ダウングレードを伴う）異動」の有無（過去３年間）

—（社）、%—

区　分	一　般　社　員			管　理　職		
	全体計	役割等級制　度	職務等級制　度	全体計	役割等級制　度	職務等級制　度
合　計	(85) 100.0	(37) 100.0	(28) 100.0	(112) 100.0	(50) 100.0	(32) 100.0
あ　る	42.4	48.6	32.1	41.1	52.0	31.3
な　い	57.6	51.4	67.9	58.9	48.0	68.8

［注］「全体計」には、役割等級制度／職務等級制度を含み複数の等級制度を組み合わせて導入している企業を含む。

を取り入れる必要はありません。社内での議論のきっかけとして活用することが望まれます。

3　昇格要件の詳細

　ここまで一般的な昇格要件を紹介しましたが、それぞれの要件について、より詳細の考え方を解説します。[1]滞留年数・勤続年数・年齢要件、[2]人事評価の結果、[3]上司の推薦、[4]試験・人材アセスメント、[5]経験・学習・公的資格などによる要件に分類して説明します。

[1]滞留年数・勤続年数・年齢要件

　滞留年数は、代表的な卒業要件であり、次の等級へ進むためにその等級に何年在籍する必要があるか、という要件です。また、勤続年数（＝入社年次）による最速昇格者の管理も大企業においては一般的です。これらは「時間の経過」を基準とする要件のため、能力主義と矛盾するという見方もできますが、職能資格制度では「経験年数により能力が習熟

する」という見方をするため伝統的に活用されています。具体的には、等級別に最速昇格に必要な年数、標準昇格に必要な年数を定めて、それらの条件を逸脱しないように運用します。

　昇格するために年数の経過を待つ必要があるため、有能な人材を抜擢して重要な業務をアサインする上ではデメリットになります。そのため役割等級制度・職務等級制度とはなじみにくく、これらの等級制度への改定とともに年齢要件を撤廃する例もあります。一方で滞留年数の要件が存在するために、「想定以上に多くの社員が昇格対象となる状況を防げる」というメリットもあります。

　なお、滞留年数の設定をする企業では、滞留年数を基準に標準的な昇格スピード（または最速での昇格スピード）を管理する「昇格モデル」があります。通常、この昇格モデルを基に基本給の昇給モデルや退職金の支給モデルが検討されます。したがって、モデルを基準とした運用により報酬運用の安定性・予測性を確保するために、滞留年数による等級管理からあえて脱却をしない選択肢もあります。

　その他、役職の登用において、「課長は最速38歳、部長は最速45歳など」と最速登用年齢を管理するケースもあります。これは正式なルールとして人事管理諸規程に記載するというよりも、運用内規として取り扱う場合が多いと思われます。いずれにしても年齢による基準は、新卒一括採用をベースに昇格運用を実施する上で整備されてきた要件であるといえます。

[2]人事評価の結果

　在籍等級での人事評価結果を昇格の判断根拠にします。人事評価の評価ランクは能力の習熟度や成果の達成度を測る指標であり、前述の調査結果で分かるとおりほとんどの企業で要件として採用されています（以下、評価要件）。人事評価の条件を満たすことが昇格判断の俎上に載る最低条件となり、経営から見ればこの評価要件により、昇格候補者を絞

り込む効果があります。

　設計においては、主として昇格に必要な評価ランクの高さと参照年数で選抜性をコントロールします。昇格に活用する評価ランクは「標準的な評価でも充足するか（例：S・A・B・C・Dの5段階評価におけるB評価）」「標準より高い評価が必要か（例：同評価におけるA評価以上）」あるいは「最高評価が必要か（例：同評価におけるS評価）」ということを階層別に決定します。当然、評価ランクの要件が厳しいほど選抜性が高くなります。参照年数は、一つの等級階層について2年から3年程度で設定するケースが多いようです。これは昇格判断に当たり、単年度の"瞬間最大風速"でなく中期的なパフォーマンスを確認するためですが、早期抜擢を可能とする目的であれば、「1年間（1回）でも最高評価であれば昇格可能」という設計もあり得ます。なお「該当等級の評価を3年分参照する」というルールにすると、実質的には滞留年数要件を3年間設けているのと同義になるため、柔軟な昇格運用をしたい場合は2年間程度の短期間で設定した上で、むしろ評価ランクの基準を厳しく設定したほうが運用しやすいでしょう。

　昇格判定に人事評価の要件を用いることは既に一般化されているため、デメリットを指摘するのが難しいのですが、実はこれに起因する日本企業の人事運用の根深い問題があります。それは、多くの企業において、昇格管理のための人物評価を優先させ、評価基準と貢献の事実に基づく適正な人事評価が行われていないという問題です。例えば、次の役職登用のために昇格させたい人材の人事評価において、最終的にA評価をつける必要があるため「逆算で実際の貢献度以上の点数を加算する」というような運用が慣例化しているケースがあります。

　もちろん「上位職になるべき人物を昇格対象に選定すること」は競争優位の組織設計をする上で最も重要であるため、「人事評価要件をクリアするまで永遠に昇格をさせないほうがよい」ということではありません。むしろ、人事評価が形骸化してしまうくらいなら評価要件を昇格の

絶対基準から外してしまうのも一つの考えです。実際に、役割等級制度の管理職の役職登用・昇格においては人事評価結果を必須の要件とせず、あくまで参考情報として位置づける運用も見られます。

[3]上司の推薦

　前述のとおり、上司の推薦を昇格の要件としている企業の割合は多く、言い換えれば、社員の昇格には上司の賛成が必要になるということです。手続きとしては、「昇格推薦書」などの書式で上司が昇格の推薦を起案することが一般的です［図表5-6］。具体的には「これまでのキャリア・実績」「現在の職場での貢献度」「今後、新たに求められる役割に対する期待事項」などを記入します。

　事業への貢献を重視した昇格運用をする上では、職場の判断が最も重要になります。極端にいえば「事業部門で昇格者を内定し、人事部門は最低限の審査・全体調整と決裁手続きをする」という運用が望ましいケースもあります。一方で職場の判断を重視し過ぎると、昇格候補者が想定以上に増えてしまう現象が起きます。そのため、事業部門に管理会計の予算範囲内（主に人件費予算）で昇格運用をしてもらうための仕組みづくりや、昇格決定における上司推薦と他の要件とのウエートの置き方を検討することが有用になります。

[4]試験・人材アセスメント

　昇格判断の客観性を高めるため、各種試験・人材アセスメントにより多角的な視点で審査します。第一義としては昇格者の選定のために実施するのですが、試験・人材アセスメントは審査のプロセスを通して、候補者の成長・意識づけや人事部門の情報蓄積にもつながることが特徴です。

　一方、これらの審査を実施する上では費用や運営のための人的リソースも必要になってきます。できるだけ多くの審査を実施したほうがよい

[図表5-6] 昇格推薦書のイメージ

昇格推薦書

氏名	XXX		所属部室	XXX
社員番号	XXX		上司氏名	XXX

これまでのキャリア・実績

年月	部室名称	職種	主な業務内容など
20xx-20xx	XXX	XXX	XXX
20xx-20xx	XXX	XXX	XXX
20xx-20xx	XXX	XXX	XXX

現在の職場での貢献度

XXXXXXXXXXXXXXXXXXXXXXXXXXXXXX
XXXXXXXXXXXXXXXXXXXXXXXXXXX

今後、新たに求められる役割に対する期待事項

XXXXXXXXXXXXXXXXXXXXXXXXXXXXXX
XXXXXXXXXXXXXXXXXXXXXXXXXXX

その他所見

XXXXXXXXXXXXXXXXXXXXXXXXXXXXXX
XXXXXXXXXXXXXXXXXXXXXXXXXXX

第5章 どのように等級制度を運用するか

ということではなく、等級別の審査の意味合いを考慮し、真に必要なものを選択的に実施することが重要です。以下に代表的な試験・人材アセスメントの方法を紹介します。

(1)面接

　昇格試験において、面接による審査は多くの企業で取り入れられています。面接の場で本人の能力を推し測る目的というよりも、昇格後の期

待事項に対して擦り合わせを行い、次のステップに進む上での本人の意欲・考え方を確認する目的で実施します。当然、面接実施の担い手（事業部門内／人事部門／経営層）によって、実施の意味合いや確認のポイントが異なります。また、面接は、昇格後に高いモチベーションで仕事をしてもらうための動機づけの側面もあります。

(2)実務・実技試験

実務・実技試験は、商品販売などの専門職種や技能系・事務系のコースを中心に運用する例が見られます。具体的には、実際にサービスを提供する場面のロールプレイングや、技術的な問題対応のケーススタディーを実施します。ケースの作成や試験運営に時間がかかりますが、実務に長けた人材を登用したい場合や、昇格に必須となる技術・スキルの定着度を確認したい場合に有用な方法です。

(3)筆記試験

筆記試験は、現在の等級に必要な知識の学習状況を確認する卒業要件としての意味合いと、次の等級に必要な知識を確認する入学要件としての意味合いがあります。例えば、管理職登用においてはマネジメントの知識、一般社員層内の昇格においてはビジネスの基礎知識などを試験内容とします。また、自社の企業理念やサービスをきちんと理解しているか、という観点で試験をする場合もあり、昇格候補者はこれまで企業内で学んできたことを復習する機会となります。

もし、昇格審査よりも学習機会提供としての位置づけが強いのであれば、ペーパーテストの成績を理由に業務運営に必要な人材を昇格させないのは経営としての機会損失につながります。したがって、その場合は、追試などの救済措置を設けるほうが理にかなっています。

(4)論文・レポート

論文・レポートの試験は管理職（あるいは監督職）登用時などを中心に実施されています。自社・自組織の課題や、管理職としてどのような貢献ができるか、というようなテーマがオーソドックスであり、入学方

式の意味合いが強い審査です。

　論文・レポートによる審査を採用する際は、「どのように客観性のある採点ができるか」ということが必ず問題になります。そのため、「誰がどのような採点基準で審査をするのか」や「そのためのリソースをどのように確保するのか」を検討することが運用に当たって重要になります。

(5)課題についてのプレゼンテーション

　プレゼンテーション試験で取り扱う課題そのものは、(4)論文・レポートでまとめるテーマと似たものが多いですが、それに加え、自社の経営層などに対して発表する場を設定するケースがあります。プレゼンテーションの準備や発表の機会を通して、昇格候補者の課題認識や当事者意識が高まる点は大きなメリットです。一方で、試験の採点基準をしっかり設定しておかないと、審査員の主観的な印象で合格者が決まってしまいます。日常業務で資料作成やプレゼンテーションを実施する職種のほうが有利な性質がありますので、説明の巧みさだけでなく、内容面の充実度もきちんと審査できるような工夫が必要です。

(6)適性検査・人材アセスメント（多面評価を含む）

　管理職登用などの場合には、判断の客観性を担保するため、外部機関のアセスメントの専門家（アセッサー）によるフィードバックや適性検査の結果を昇格審査に活用する場合があります。また、多面評価・360度フィードバックで周囲からの人物面の評判を確認し、昇格の参考材料にするケースもあります。

　もっとも人材アセスメントや多面評価は対象者に気づきを与えるためのツールとして効果的なので、ことさらに昇格の機会に限定して実施する必要はなく、人材育成施策として昇格候補者以外も実施対象とすることを検討してもよいでしょう。

[5]経験・学習・公的資格などによる要件

　人事評価結果や昇格審査のほかに、「昇格後の業務遂行に必要な経験や学習」「公的資格の取得」を昇格要件として設定することがあります。代表的なものは以下のようなケースです。

- ■ ジョブローテーションによる複数部署での経験
- ■ 語学力（TOEIC・TOEFLの点数など）
- ■ マネジメント研修の受講
- ■ 通信教育・eラーニング受講などの学習履歴
- ■ 社内認定制度での合格
- ■ 業務上必要な公的資格の取得
- ■ 業界内の検定試験での合格（例えば不動産業で「宅地建物取引士」を要件化するなど）

　これらを昇格要件に課すことで社員の知識習得を促すことができるため、結果として組織全体でナレッジ向上の効果が期待できます。ただし、わざわざ時間を割いて取り組まなければ昇格できないため、真に業務上の必要性が高いものでなければ事業部門から不満の声が上がる場合もあります。また、要件を満たすために一定の期間が必要になるため、抜擢昇格を実施する上でも支障が出てきます。したがって、昇格する上での必須条件にするのか、または推奨条件にするのかについては、慎重に検討すべきでしょう。なお、上記の「ジョブローテーションによる複数部署での経験」はさまざまな企業で要件として導入されていますが、その際の「転勤」の取り扱いによっては男女雇用機会均等法7条・同施行規則2条3号が禁止する間接差別（労働者の昇進に関する措置であって、労働者が勤務する事業場と異なる事業場に配置転換された経験があることを要件とするもの）に当たる可能性がある点に留意すべきです。

　モデル企業JPN社では、本節で述べた考え方に沿って新制度の役割等

昇格前等級	昇格後等級	昇格要件					
		滞留年数	評価要件 (S・A・B・C・Dの5段階評価)	上司推薦	面談	その他試験など	
M2	M3	廃止	〈参考〉 直近2年すべてA評価以上	○	−	−	
M1	M2		〈参考〉 直近2年すべてA評価以上		○	人材アセスメント	
S4	M1		〈必須〉 直近3年B・A・A以上		○	課題プレゼンテーション	
S3	S4		〈必須〉 直近3年B・B・A以上		−	マネジメント研修受講	
S2	S3		〈必須〉 直近3年すべてB評価以上		○	−	
S1	S2		〈必須〉 直近3年すべてB評価以上		−	筆記試験	

級別に昇格要件を整理し直しました [図表5-7]。これまで昇格ルールの詳細を社員に開示していなかった企業では公表を躊躇するケースもありますが、JPN社では人事運用の透明性を高めることを制度改定のポイントとしたため、策定した昇格ルールを人事制度マニュアルに記載の上、開示することにしました。

4　降格ルール

　降格ルールを見直す場合、または新たに設置する場合には、まず降格ルール設置の目的や方針を整理した上で、具体的な運用方法や手続きを決定します。降格ルールの形骸化や、降格乱発によるエンゲージメント低下など「期待せざる結果」を招かないためにも、自社に最適なルールを丁寧に考える必要があります。

[1]降格ルール設置の方針整理

　職能資格制度の場合、降格は降職（ポストオフ）の運用とは区別して考えることになります。その際、降職は人事制度の運用ルールとしてではなく、経営による組織運営に伴う人事の中で決定します。降格は能力主義の考え方に沿って「実施しない」という選択肢もありますが、前記調査結果のとおり、降格ルールを設置の上、実際に降格を実施するケースもあります。

　また、役割等級制度の場合、（降職とは別に）複数年の人事評価結果の累積で降格を実施するパターンのほか、単年度の人事評価結果を参考に降職・降格を同時に実施するパターンがあります。

　企業として個人に降格を命じる必要性は、退職勧奨、懲罰的な対応、あるいは人件費削減として語られがちですが、人事部門としては、組織全体への影響や降格対象者の行動原理などを含め、複合的に考えるべきでしょう。例えば、以下のような視点があります（なお、本書では以降、懲罰規定による降格処分と人事制度ルールに基づく降格は別の概念として取り扱います）。

・社員のフリーライド（ぶら下がり）を防止する

・働きぶりに見合うように貢献度が低い人材の処遇を補正することで、周囲の社員に対して人事運用の納得感を高める

・下位職層から有能な人材を登用するため、現任人材と交代し、新陳代謝を促す

・過去に対象人材の能力が発揮できていた職責・業務に配置し直す

・対象人材に気づきを与え、行動変容を促す（ただし、これは日常のマネジメントや降格前のコミュニケーションの中で実践すべき事項でもある）

　当然、これらの目的に必要性を感じなければ、「降格運用をしない」のも一つの選択肢です。また、「部下が降格対象となることを避けるために

厳格な人事評価ができない」といった評価運用のデメリットもありますので、特に一般社員層には降格ルールそのものを設置しないことも考えられます。

　逆に、役割等級制度で「役割の変化により降格が常態的に起こり得る環境」をつくるかどうかは大きな判断になります。役割の変化に伴う降格であるとしても、組織内で降格が生じる頻度により、社員の降格の受け止め方が変わります。例えば、毎年必ず一定割合の降格者が生じるような運用は、組織に不要な緊張と不満を高める結果を招きます。一方で、降格がレアケースの企業において降格が発生すると、周囲の目が気になり、対象者は組織内で就業を継続しにくくなる懸念もあります。そのため、実務上では「どれくらい厳格な降格ルールを設けるか」が重要なポイントとなり、評価要件などの調整により降格が生じる頻度を調整することとなります。

[2]降格ルールの運用方法・手続き

　降格ルール設置の方針が決まったら、具体的な運用方法・手続きを整理します。大前提として、就業規則に降格の根拠規定を定めていなければ、降格はできません。人事制度による降格を新たに導入するケースでは、特に注意が必要です。

　降格ルールの設置は「降格に値する対象者を個別に検討の上、機関決定をする」ことが目的であり、シンプルに要件化するのが一般的です。

　具体的には、一定期間の人事評価の結果を用いて、降格の基準を設定することがほとんどです。昇格に活用する評価要件と同様に、該当する評価ランクと参照年数で降格候補の発生頻度をコントロールします。評価ランクは、「最低評価のみが降格に該当するか（例：S・A・B・C・Dの５段階評価におけるD評価）」「標準未満の評価であれば該当するか（例：同評価におけるC評価以下）」ということを等級階層別に決定します。評価ランクの決定方法が絶対評価方式か相対評価方式によっても

発生頻度が変わるので、その点は留意が必要です。

　参照年数は複数年（＝2年以上）で設定するケースが主流です。該当等級に不適格な人材に対してすぐにでも降格を実施させたいという意向はよく聞きますが、組織として降格候補者に奮起を促し、かつ慎重に判断する上では複数年の設定が好ましいといえます。例えば、2年間の設定であれば、1年目に翌年度の降格候補者が明確になりますので、そこで候補者になった人材に対して、上司が業務環境の見直しをすることや、業績改善のプログラム（PIP：Performance Improvement Plan）を適用することが可能になります。

　このとき、複数年の評価要件を満たした場合に即降格となるルールではなく、必要な関係者で候補者の実績や働きぶりを検討の上、降格を最終決定することを推奨します。成果が上がらず評価が悪いのは、プライベートを含めた本人を取り巻く環境や、会社・上司側に理由があることも考えられるので、注意深く検討することが求められます。

　また、人事評価結果は降格候補者を特定する判断基準のみならず、降格を機関決定する上での“証跡”という意味合いもあります。特に職能資格制度においては、客観的な事実の積み上げがないことを理由に降格が無効とされた裁判例［図表5-8］もありますので注意してください。

　一方で役割等級制度では、当該役割の職責を果たせないと判断された場合に降職と同時に降格する運用もあり得ます。この場合、役割等級制度のルールとして明確に規定すれば、単年度の実績に基づく降格決定に問題性はありませんが、業務指導の一環で、降格決定の判断をする前に本人の意向を確認するプロセスを設けることも一考です。また、対象人材が再びパフォーマンスを発揮したときに再登用できる仕組みも設定しておくとよいでしょう。

　JPN社の降格ルールは［図表5-9］のとおりです。これまでは懲罰による降職・降格以外に明確なルールはありませんでしたが、役割等級制度の導入に際して新たに降格ルールを設置しました。降格候補の基準と

［図表5-8］ 職能資格制度において降格が無効とされた判例

事 件 名 等	要　　旨
チェース・マンハッタン銀行（賃金切下げ）事件 東京地裁　平6.9.14判決 労判656号17ページ	業績悪化に伴う合理化の一環として、資格「副主事」以上の者について、その能力等がそれまで格付けされていた資格基準に達しないとして新たに下位資格に格付けし直し、基本給と資格手当を減額する等した措置について、使用者側による“賃金規定における昇給の条項がマイナスの昇給としての賃金減額の根拠となる”との主張を排斥し、従業員の賃金を従業員の同意なく一方的に減額するためにはそれなりの明確な定めがされていなければならないというべきところ、当該条項は明確な定めとはいえず、賃金減額の根拠とはなり得ない等としてその有効性を否定した
アーク証券事件 東京地裁　平8.12.11決定 労判711号57ページ	証券会社の営業社員に対する勤務成績不振を理由とする職能資格の降格について、当該会社の就業規則には「社員の給与については、別に定める給与システムによる。」という定めしか存しなかったのに対し、職能資格の降格には就業規則等における職能資格制度の定めにおいて、資格等級の見直しによる降格・降給の可能性が予定され、使用者にその権限が根拠づけられていることが必要であるとして上記降格の効力を否定した
マルマン事件 大阪地裁　平12.5.8判決 労判787号18ページ	成績不良等を理由とした職能資格の降格について、就業規則上その要件について明示すべきところ、その根拠規定は明らかでない等として効力を否定した
小坂ふくし会事件 秋田地裁大館支部 平12.7.18判決 労判796号74ページ	社会福祉法人の運営する特別養護老人ホームに勤務する看護婦について、給与規程に基づかない誤った昇格を行ったことに対する是正措置として資格等級を降格したとの法人側主張に対し、当該職員らの昇格は看護婦確保のための優遇措置であって誤りであるということはできないとした上で、労働契約における賃金は従業員の同意なく一方的に不利益に変更することはできない等として当該降格を無効と判断した
フジシール（配転・降格）事件 大阪地裁　平12.8.28判決 労判793号13ページ	職能資格「副参与」から「副参事」への降格について、就業規則に定められた降格の基準（過去4期の評価がオールC）と手続き（1年間挽回のチャンス、審査会に具申、毎年4月1日付）が順守されていないことを理由に無効と判断した

事 件 名 等	要　　旨
マッキャンエリクソン事件 東京高裁　平19.2.22判決 労判937号175ページ（要旨）	給与等級を人事考課（査定）結果等に基づき降格したこと（7級→6級、降級直後の年収総額において約100万円の減収を伴う）について、①過去に従業員に配布された周知文書によれば、各給与等級に求められる能力・人事評価の具体的評価項目は明らかにされており、会社は具体的降級権を有しているとしつつも、②就業規則に明示された「従業員本人の顕在能力と業績が、属する資格（＝給与等級）に期待されるものと比べて著しく劣っていること」との降格基準に基づく降級を行うためには、具体的事実による根拠に基づいて本人の顕在能力と業績が属する給与等級（7級）に期待されるものと比べて著しく劣っていると判断することができることを要するとした上で、当該社員の勤務ぶりは通常の勤務であって、同降級については退職勧奨を拒否したこととの関連が強く推認される等として、人事権の濫用に当たるとした ※「能力」を基本とする等級であり、職能資格制度に類する
国際観光振興機構事件 東京地裁　平19.5.17判決 労判949号66ページ	独立行政法人において人事考課（査定）結果に基づいて行われた等級の降級（4等級13号俸→5等級18号俸、本俸のみで6万4300円／月の減額を伴う）について、管理部長による評価点のマイナス修正は、同部長が実施にこぎつけた人事制度に対する当該職員の無理解に対する悪感情等を強く反映しており、同人事制度が定めるルール・前提に合致したものとはいえず、同修正が反映された考課結果も合理性を欠くため、同考課結果を基礎とする降格は無効となるとした ※「能力」を基準とする等級（職能資格制度か）と思われる

資料出所：小鍛治広道「降職、降格、降級に関する適正な人事権行使の実務」
　　　　　　（労務行政研究所『労政時報』4036号-22.6.10）

なる評価ランク・参照期間の要件を定め、管理職層と一般社員層の階層別の違いを設けています。

　なお、人事制度を改定するタイミングで社員の格付けを見直す場合は細心の注意が必要です。制度改定そのものを理由に降格扱いとなる場合、

	管理職層 (M1からS4への降格も含む)	一般社員層
降格候補となる 評価要件	■S・A・B・C・D評価のうち、 C・D評価を取得	■S・A・B・C・D評価のうち、 2年連続でD評価を取得
改善期間	■上司から本人に降格候補であることを伝達し、行動改善計画を 実施（1年間）	
昇降格会議での 判定	■行動改善期間を経ても評価が D評価の場合（＝2年連続で D評価またはC・D評価の場 合）、昇降格会議で降格の要 否を議論	■行動改善期間を経ても評価 がD評価の場合（＝3年連 続でD評価の場合）、昇降 格会議で降格の要否を議論
降格決定	■降格の実施（処遇の変更・役割や業務内容の変更）	

原則的には労働条件の不利益変更になります。また、等級の基軸が変わることを理由に、業務実態に応じて、改定前より基本給が下がる等級に格付けを変更する場合においても、移行期間を設定の上、激変緩和措置を設ける必要があります。

　そのため、「新制度としての人事評価結果が累積するまで降格そのものを行わない」方法を採るか、「等級の見直しを行っても降給は回避（調整給などで補填）する」方法を採るか、などを検討します。どうしても事業運営の観点で、制度導入と同時に格付け変更を実施する必要がある場合は、必ず顧問弁護士等の専門家に相談の上、最適な対応を検討すべきでしょう。

5 コース転換ルール

　人事制度で複数のコース・職群を設ける企業では、社員の希望・会社の推薦などによりキャリアの途中でコースを変更するための「コース転換ルール」の設置を検討します。コース転換ルールは必須ではなく、社員全員が「採用されたコースで退職まで就業する」という運用も理論上は可能です。ただし、社員の多様性やその選択性に配慮する上ではコース転換ルールの設置が効果的と考えられます。実際に厚生労働省の「平成26年度コース別雇用管理制度の実施・指導状況」では、制度を導入している調査企業全体において、88.1％がコース転換ルールを設けているという状況でした。以降、**[1]** コース別人事制度の場合、**[2]** 複線型人事制度の場合に分けて運用のイメージを説明します。

[1]コース別人事制度の場合

　コース別人事制度におけるコース転換で活用頻度が高いと思われるパターンは「(1) 一般職（・技能職）から総合職への転換」です。また、(1) に比べると活用の場面は限定されますが、その逆の「(2) 総合職から一般職への転換」も想定されます。エリア総合職がある企業では、「(3) 総合職からエリア総合職への転換」の考え方も大事なので、具体的に解説します。

(1)一般職（・技能職）から総合職への転換

　主として定型的な業務に従事する一般職や製造実務に従事する技能職が職域を広げて総合職に転換するパターンです。この場合、転換者のキャリアに発展が望める一方で、国内外に複数拠点がある企業では、コース転換をした後に転居を伴う異動を命じられる可能性が生じます。そのため、社員の就業観や家庭の状況によっては、それがデメリットになり、（職域を拡大したい社員であっても）コース転換に踏み出さない

場合もあります。

このパターンは社員のキャリアアップを支援する位置づけであり、転換ルールの設置においては、一般職（・技能職）本人の希望を優先します。その上で上司の推薦・適性検査・面接などを実施する運用が多く見られます。[図表5-10]は一般職から総合職への転換ルールの一例です。総合職と一般職で採用の経緯が異なるため、意欲面だけでなく自社の総合職としての適性など、客観的な審査を実施することが必要になります。

(2)総合職から一般職への転換

キャリアの多様性という観点で、総合職本人が希望すれば職域・勤務地を限定して一般職としての就業を選択できるルールを設ける場合があります。主に育児・介護などの家庭事情で働き方を変更する場合に選択されることが多いようです。このケースでは、あくまで個人の意思を尊重して手続きを進めます。また、一般職に転換した場合でも、コース転換の事由が解消したときには再審査することなく総合職に戻れるようなルールを設定しておく場合もあります。

時折、「短時間勤務でしか働けない（≒残業ができない）事情がある女性総合職が会社との話し合いの末、一般職を選択・転換する」という

[図表5-10]一般職から総合職へのコース転換ルール（一例）

①本人希望の確認	■コース転換は本人の希望（手挙げ）を基に検討を開始
②上司の推薦	■コース転換後の活躍が期待できる場合、上司は推薦書などを人事部門に提出
③適性検査・面接	■総合職（将来的には管理職）としての適性を判断するための検査や面接を実施
④承認・転換手続き	■総合職への転換が認められた場合、本人に処遇や転換時期などを通知

人事運用を見聞きすることがありますが、短時間勤務と職域の限定は本来異なるものです。もし本人の同意があったとしても、その判断に会社側の意思や就業環境が強く影響しているのであれば、「労働時間の制約がある社員に対して労働の質を変えることを促している」ことになり、社員のキャリア形成の観点から推奨できません。そのような企業では、人事部門として「家庭事情がある人材が残業をしなくても済む働き方の整備」や「総合職で働き続けるための支援施策の拡充」を優先すべきといえます。

(3)総合職からエリア総合職への転換

　転居転勤をすることなく総合職同様の職務に従事する「エリア総合職」を設置する企業では、総合職からエリア総合職に転換するルールを設けます。エリア総合職は、基本給の昇給上限や昇進可能な役職等に関して総合職に比べて低く設定するケースがしばしば見られ、転換に際してはそうした処遇面の違いについての同意も含めた本人の意向確認が必要になります。必要に応じて人事面接をしますが、担う職域が変わらない前提であるため、適性検査など本人の資質を問うような審査を行う必要はありません。キャリア配慮の観点からは極力本人の意向を重視した運用ができれば理想的ですが、転勤を伴うローテーションを前提に事業を運営している企業では、多くの社員が勤務地限定のコースを選択すると配置運用に支障を来すケースがあります。その場合はコース転換の条件に「育児・介護・本人の病気など何らかの理由がある場合に限る」といった制限をかけることになります。

　一方で、共働き世帯の増加・テレワークの普及などに伴い、管理職や一般社員層の総合職を対象に、賃金を減額することなく勤務地を限定した働き方を許容する企業も徐々に増えています。これは社員の多様な就業観に寄り添った考え方であり、人材採用面でもアピールポイントになります。ただし、その場合は組織内で「転勤対象となる社員」と不公平感が生じてしまうことが懸念されます。そのため、「1年単位で働き方

の申請を見直す制度にする」「理由があれば誰でも平等に選択できる制度にする」などの運用の工夫が必要になります。

[2]複線型人事制度の場合

　複線型人事制度の運用において、専門職コースへの転換を認定するルールを設計します。基本的には自社の専門職の設計の考え方に沿って認定要件を考えればよいのですが、前章で述べたとおり、「どのようにルールを設計するか」だけでなく「誰が決定するか」ということも重要な論点になります。以下、「(1)一般社員層から専門職への登用」「(2)専門職内の昇格」「(3)管理職から専門職への転換」について、それぞれのポイントを説明します。

(1)一般社員層から専門職への登用

　既述のとおり、外部からの高度人材採用を目的に専門職コースを設置する場合もありますが、多くの企業では内部登用のパターンも想定します。その場合は、コース転換のプロセスで本人の志向性や資質を確認することが重要です。［図表5-11］は一般社員層から専門職認定を実施する際の確認プロセスの一例です。

　①～⑤は通常、申請書などの書式に情報を集約できるので、その内容を基に⑥面接を実施するという流れがスムーズです。⑦については、人事部門だけでは候補者の専門性が判定できないことがあるため、事業部門の人材を加えて「専門職認定委員会」を設置することも一考です。また、一般社員層から管理職層としての専門職に登用する場合、管理職層への昇格を伴うコース転換になります。そのため、［図表5-11］に示したプロセスに加えて、通常の管理職への昇格判定と同様に適性検査や人材アセスメントを行うことも想定されます。この場合、自社の管理職昇格の要件との整合性を意識したルールを設計することが重要です。

(2)専門職内の昇格

　第4章で説明したように、専門職コース内で複数の等級階層を設ける

[図表5-11] 専門職認定の確認プロセス（一例）

①本人希望の確認	■専門職への転換は本人の希望に基づき検討を開始
②上司の推薦	■専門職としての活躍が期待できる場合、上司は所属部門長・人事部門などに推薦
③これまでの実績・評判	■専門性を活かして社外や組織に貢献した取り組みなどについて確認
④保有資格	■専門性に関連して、保有している公的資格などがあれば確認
⑤人事評価の結果	■直近数年の人事評価結果を確認
⑥面接	■①〜⑤を集約した申請書を基に所属部門長・人事部門等による面接を実施
⑦専門職認定委員会等での決定	■経営層や専門性を判断できるメンバーで機関決定

場合、上位等級への昇格判定に当たっては、専門性・希少性を厳正に審査した上で限定的に運用する必要があります。自社の専門職の中でさらに「余人をもって代え難い人材」を特定するのは難しいことですが、基本的には［図表5-11］と同様のプロセスで判断します。

　その際、③これまでの実績・評判については、社内での活動だけではなく、業界での知名度・学会での活動実績・メディアへのパブリシティ実績など対外的な活動を基準にするとよいでしょう。また、安易な昇格をコントロールする観点から、上位の専門職等級に定員制を設け、認定の比率や人数を固定する（例：専門職全体の10％、全社で5人以内など）ケースもあります。

　もっとも、企業を代表する専門人材は個人名で経営が把握しているはずなので、まず、上位の専門職として処遇すべき人材を選定し、その人

材と他の専門職との違いを考察した上で、等級間の線引きのルールを検討することも考えられます。

(3) 管理職から専門職への転換

管理職から専門職に転換するケースは、「経営の任命による場合」と「本人の希望による場合」に分けて考えます。

経営の任命による場合は、「優れた専門性を持つ管理職を先端業務のプレーヤーに任命するパターン」や「ポストオフと同時に専門性を活かした働き方を求めるパターン」などが考えられます。経営側が「専門職として働いてほしい」と考えているケースであるため、基本的には人事評価結果も実績も原則不問でコース転換します。

一方で「本人の希望による場合」は、これまで管理職だった人材が専門職として高い付加価値を出せるかについての確認が必要になります。「(1) 一般社員層から専門職への登用」と同様、多面的な検討プロセスを経て対象者を決定するとよいでしょう。

なお、「専門職から管理職へ登用する場合」も上記と同じように考えます。「戦略的な人材配置として、高度専門職を当該専門領域のマネージャーとして指名する」というケースがありますが、経営の任命による場合は特段の審査を設ける必要はありません。一方で、従来専門職だった人材が本人の希望で管理職にエントリーするようなケースであれば、管理職適性検査や人事評価結果などを参照の上、決定するのが自然な審査方法です。

6　職務等級制度における職務変更等の運用

職務等級制度は、職務評価とジョブディスクリプションの運用が付随するため、職能資格制度・役割等級制度の場合と実務の考え方が根本的に異なります。ポジションを軸に人材のアサインを決定するため、「適

材を適所に配置する（適材適所）」のではなく、「適所に適材を配置する（適所適材）」ための運用が必要になります。組織設計におけるポジションの統廃合なども職務等級の運用に影響するので、以下に留意点を概説します。

[1] 職務等級におけるグレード変更

　既述のとおり、職務等級制度においてグレードが変更になる際は、上位・下位ポジションへの「転換」「移行」と表現することが仕組みに適しているといえます。職務等級では能力が上がれば必ず上位グレードに転換できるというわけではなく、主に担うポジションが変わる場合にグレードの移行が起こります。これまで能力昇格を実施していた企業が職務等級制度に変更する場合、自らポジションを勝ち取らなければ上位ポジションに任用されないことになります。したがって、ポジションによる新しい運用が定着するまで社員が停滞感を抱く懸念もあります。そのため、抜擢人事やジョブポスティングによる異動を活発化させるなど、補完的な施策を実施することが大切です。

　また、職務価値が低いポジションに移行する場合、下位グレードへの転換が起こります。職責に応じた処遇の適正化を目的とする企業では、ポジションの期待に満たない社員の降職を厳格に運用しなければ、制度改定の効果が得られません。一方で、現ポジションの職責に対し通常どおり業務をこなしている人材は、原則として、下位ポジションに転換されることはありません（ただし、要員計画・組織改定の都合で当該ポジションが不要となる場合や、より適材と考えられる人材との交代が発生する場合においては他のグレードに転換するケースがあります）。

[2] ポジションの職務価値の見直し

　職務等級制度では、「自身の頑張りで現ポジションの職務価値が上昇しグレードが上がる」という考え方は原則としてありません。ただし、

事業運営上での重要度が変わり、同じポジションの権限・責任・期待水準が拡大するケースはあり得ます。その場合は、例外的に現職に就きながら上位グレードへ移行しますが、当該ポジションのジョブディスクリプションの記述内容や職務評価の結果も併せて見直されることになります。

　なお、ジョブディスクリプションのメンテナンスについては、職務内容の変更により不定期に行うこともありますが、数年に一度はすべてのポジションについて、職務情報が古くなっていないか点検することを推奨します。例えば自社の中期経営計画に合わせて3年ごとに定期メンテナンスをするなどの運用が考えられます。その際、人事部門と事業部門で足並みをそろえて実施することが必要になりますので、精緻に段取りをしてから進めてください。

[3] ポジションの新設・統廃合

　職務設計の見直しの結果、ポジションを新設・統合・分割・廃止する際は、ジョブディスクリプションの内容も追加・調整・削除する必要があります。統合を行う際は、統合元の複数の職務情報を集約することになりますが、1ポジション当たりの職責の範囲や業務量が大きくなり過ぎないように注意しましょう。ポジションを新設・統廃合する際は、現実的には、職務内容の変更に影響を受ける周囲のポジションも含めてジョブディスクリプションを再調整することになります。それぞれ微調整にとどまる場合はジョブディスクリプションの職務情報さえ修正すればよいですが、職務内容が著しく変わるポジションがある場合には職務評価を見直すことが必要となり、結果としてグレードが変更になることもあり得ます。

[4] 運用上の留意点

　職務等級制度の導入初期は、事業部門ごとの運用方法がバラバラにな

らないよう人事部門が運用を主導するケースが多いですが、ジョブ型人材マネジメントを志向する場合には、職務設計・ジョブディスクリプション整備・職務評価の一連の運用権限を事業部門に委譲していくことが理想的です。特に中堅以上の企業規模である場合は、事業環境の変化に合わせ自律的・スピーディーに採用・育成・処遇・配置を実行する上で、事業部門の人事機能を強化することが求められます。環境変化のスピードが速くなっている昨今では、事業部門内にHRBP（Human Resource Business Partner）という機能を置き、事業戦略・方針に基づく人材マネジメントの重要な意思決定や実務推進を行う企業も出てきています。

　また、社員の自律的なキャリア形成を実現するために職務等級制度を導入する企業では、ジョブディスクリプションに基づく自己エントリーを主体とした配置・異動を行わなければ本質的な効果を得ることができません。従来は会社主導の異動が中心だった企業でいきなり全員を自己エントリー型の異動運用に切り替えるのは難しいですが、少しずつでも公募ポジションの割合を増やすことが求められます。会社主導の異動を継続することがやむを得ない企業でも、自己申告制度やキャリアレビュー面談等で定期的にキャリア形成に関する意向確認を行い、本人の意思を尊重することが求められます。

　[図表5-12]は自己申告により社員のキャリア希望を確認する際の書式の一例です。自社の人材マネジメントを機能させる上で、人事制度の導入と併せて異動運用の見直しも検討しましょう。

[図表5-12] 自己申告書のフォーマット（一例）

自己申告書

氏名	XXX	所属部室	XXX
社員番号	XXX	上司氏名	XXX

これまでのキャリア・実績

年月	部室名称	職種	主な業務内容など
20xx-20xx	XXX	XXX	XXX
20xx-20xx	XXX	XXX	XXX
20xx-20xx	XXX	XXX	XXX

現在の業務内容

XXXXXXXXXXXXXXXXXXXXXXXXXXXXXX

中長期的なキャリアゴール・キャリアプラン・今後経験したい業務など

XXXXXXXXXXXXXXXXXXXXXXXXXXXXXX

異動希望

1〜2年後に異動したい／2〜3年後に異動したい／異動を希望しない／その他
（XXX）

異動希望部署（3つまで記入）

優先度	希望部室名称	希望職種	理由や異動先でチャレンジしたい内容など
第1希望	XXX	XXX	XXX
第2希望	XXX	XXX	XXX
第3希望	XXX	XXX	XXX

その他（育児・介護等、配慮が必要な内容があれば記載）

XXXXXXXXXXXXXXXXXXXXXXXXXXXXXX

保有資格・語学スキル

保有資格名称	取得年	語学スキル（TOEIC等）	取得年
XXX	XXX	XXX	XXX
XXX	XXX	XXX	XXX

7　運用スケジュールの検討

　本章の最後に、昇格運用に関する実務スケジュールの検討論点について整理しておきます。

[1]昇降運用スケジュールの基本的な考え方

　昇格の実務は昇格審査のプロセスの違いにより2〜3カ月程度で完了できるパターンもあれば、最終決定までに半年以上かかるパターンもあります。例えば、自己エントリーや論文・プレゼンテーションなどを実施する場合は、人事部門と所属部署の上司だけでなく、対象社員が関与するプロセスに一定の時間が必要になるため、決定に要する期間が長期化します。

　そのため、意思決定のスピードを重視する企業では、従来の審査プロセスの簡略化が必要になります。逆に、選抜やリスク管理の観点で、経営としてのモニタリング機能を充実させたい企業では、追加の昇格要件を審査プロセスに組み込むことが必要になります。人事部門の年間スケジュールを平準化する目的で審査プロセスを見直す観点も重要ですが、それ以上に「自社として必要な人材を昇格させるためにどのような要件が必須となるか」を改めて振り返ることを推奨します。

[2]等級制度の類型による運用の特徴

　等級制度の類型によって運用スケジュールの捉え方が異なりますので、ポイントだけ紹介しておきます。

(1)職能資格制度の場合

　理論上は昇格と昇進を同じタイミングで決定することもできますが、それぞれが独立した仕組みであるため、実務対応や準備スケジュールの重複を避ける上で、昇進と昇格を別の時期に実施することが可能です。

例えば、期初（4月）の組織改定・定期異動のタイミングで昇進を行う企業であれば、半期前の10月や四半期前の1月の時点で資格を改定する運用が考えられます。昇格は通常1年に1回なので、昇進に当たり「資格先行・役職追随」の考え方を厳守する企業では、そのタイミングで資格昇格ができていない候補者は翌期初に昇進できないことになります。

職能資格制度において、3月末に決定する能力評価を受けて10月までに昇格を決定する場合、一例として［図表5-13］のようなスケジュールが設定できます。

(2)役割等級制度の場合

役職任用ルールにもよりますが、役割等級制度では昇進に付随して昇格するケースが多く、昇格・昇進を同じタイミングで実施する運用が主流です。その際、管理職層には複雑な昇格要件を課さず、組織改定と同時に経営判断で昇格・降格を行う企業もあります。また、入学要件とし

[図表5-13] 職能資格制度における昇格スケジュール（一例）

内容	1月	2月	3月	4月	5月	6月	7月	8月	9月	10月
1. 経験要件等の充足	➡	➡								
2. 直近の人事評価決定			➡							
3. 上司推薦告知				➡						
4. 推薦受付					➡					
5. レポート・論文提出						➡	➡			
6. 実技・筆記試験・プレゼンテーション								➡		
7. 審査・調整機関									➡	
8. 機関決定・内定									➡	
9. 昇格										★

て必要な人材アセスメントなどは、昇格前等級に在籍する間の任意の時期に行います。

　昇格は原則年１回の企業が多いですが、不定期の組織改定で昇進する人材は、それと同時に例外的なタイミングで昇格します。なお、スタートアップ企業などで組織が急拡大するような場合は、人数規模・体制の変化に伴い、年２回や年４回の昇格タイミングを設定することも可能です。

(3) 職務等級制度の場合

　既述のとおり、職務等級制度においては、組織再編やジョブの統廃合に伴い随時グレードの変更が行われます。ただし、「頻繁に変更すること＝正しい運用」というわけではありませんので、ビジネスが安定的な事業部門や管理部門などでは原則１年に１回を目安にポジションの見直しをすることでもよいと思います。また、ポジション任免のための人材のレビューも年１回などで実施します。

　なお、空席ポジションに対してタイムリーな人材配置を実現する上では、職務等級の運用スケジュールを整備するとともに、ジョブポスティング・キャリア採用も含めた実務フローの再検討や、事業部門への権限委譲の工夫が求められます。

第**6**章

等級制度改定には
どのようなケースがあるか

モデルケースの概要と説明の枠組み

ケースＡ：役割等級制度を複線化し、専門職等級を
　　　　　設置する

ケースＢ：一般職を廃止し、エリア総合職を新設する

ケースＣ：役割等級制度で職種別人事制度を導入する

ケースＤ：定年延長に当たり60歳以降の等級制度を
　　　　　新設する

ケースＥ：処遇適正化のため管理職層に職務等級を
　　　　　導入する

ケースＦ：企業統合後の旧２社間で等級制度を統一
　　　　　する

ケースＧ：グループ企業で共通のグレードを設計する

モデルケースの概要と説明の枠組み

　第5章までで等級制度の設計・運用に関わる基本的な論点を解説しましたが、近年の等級制度改定の目的は多様化しており、前掲のJPN社のような状況ばかりではありません。そこで、第6章は「等級制度改定にはどのようなケースがあるか」と題し、事例として以下の7種類のモデルケースを紹介します。

> ケースＡ：役割等級制度を複線化し、専門職等級を設置する
> ケースＢ：一般職を廃止し、エリア総合職を新設する
> ケースＣ：役割等級制度で職種別人事制度を導入する
> ケースＤ：定年延長に当たり60歳以降の等級制度を新設する
> ケースＥ：処遇適正化のため管理職層に職務等級を導入する
> ケースＦ：企業統合後の旧2社間で等級制度を統一する
> ケースＧ：グループ企業で共通のグレードを設計する

　また、それぞれのケースは次の共通の枠組みで解説します。
①導入の背景・目的
②等級制度の改定内容・移行方法
③運用の改定内容
④人事評価制度・報酬制度の工夫
⑤導入の効果・今後の課題

　なお、モデルケースに関しては、筆者自身がこの10年程度の間に実施した人事制度コンサルティングにおける典型的な課題や解決手法を題材にして架空のモデルとしてまとめてあります。実在する企業の事例ではない点をご理解ください。

ケースA：役割等級制度を複線化し、専門職等級を設置する

ケースAは、役割等級制度において専門職等級を新たに設置したケースです。

[1]導入の背景・目的

A社は、創業20周年を迎えた400名規模の専門商社です。電子部品やソフトウエアなどの販売が主な業務で、一部の商材に関しては自社で企画し、システム開発をしています。組織は営業部門・開発部門・管理部門に分かれており、開発部門にはエンジニアが50名程度在籍しています。

開発部門は、エンジニアの中心層が30～40代になっていました。彼・彼女らに将来のキャリア・働き方について希望をヒアリングしたところ、マネージャー志向よりもスペシャリスト志向が強い者が多いことが分かり、社員ニーズに応えるために専門職制度を検討することになりました。これまでは、専門職制度を設けることで「多くの有能な人材がライン管理職になりたいと思わなくなる」との懸念もあり、導入には慎重な考えだったのですが、「より多くの社員に好きな仕事に没頭してもらい、エンゲージメントを高めて組織に貢献してもらいたい」という人事ポリシーの見直しとともに、導入に踏み切りました。

[2]等級制度の改定内容・移行方法

旧制度の管理職層は4階層の役割等級でしたが、役職に対して厳格な格付け運用をせず、降格も実質的に行っていませんでした。新制度ではマネジメントコース（ライン管理職）を3階層、スペシャリストコースを2階層、エキスパートコースを1階層設けました［図表6-1］。エンジニア・法務など専門性の高い人材をスペシャリストに認定し、その中

[図表6-1] 役割等級制度を複線化し、専門職等級を設置するケース

改定の期待効果	■ スペシャリスト志向の30〜40代エンジニアが多い中、キャリア観に応じた複数のコースを設定したい ■ 専門人材の定着を促し、エンゲージメントを高めたい
制度・運用のポイント	■ スペシャリストは専門職認定委員会で審査 ■ SP2は外部採用の年収上限を設けない ■ ライン管理職候補を確保する施策を併せて実施

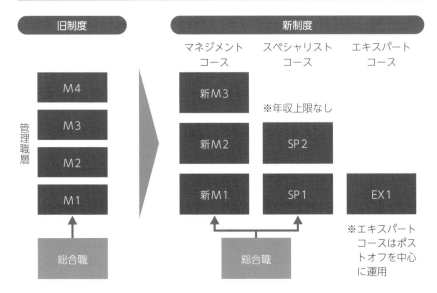

でも特に希少なスキルを持つ社員は上位等級（SP2）に格付けます。一方で、組織改定や役職定年でライン管理職からポストオフになる社員は、エキスパートコースに格付けることになります。したがって、ライン管理職以外は誰でもスペシャリストになれるというわけではありません。

[3] 運用の改定内容

　新制度では、マネジメントコースも含め、改定前より厳格に昇降格を運用することになりました。ただし、降格者をいたずらに増やすことが目的ではないので、期待どおりの役割を果たしている社員は原則的に降

格しません。また、技術の進化が激しい業界のため、専門職に認定されたら恒久的に地位が保障されるということではなく、3年に1度、専門職認定委員会で再審査・更新をするルールを設けました。エンジニアからもライン管理職の候補者を輩出できるよう、年に1回のキャリアレビュー面談でキャリアの意向を確認するようにしました。資質や意欲がある社員には、会社からも働き掛けてマネジメントコースへ進む可能性について相談することにしました。

[4] 人事評価制度・報酬制度の工夫

スペシャリストコースの人事評価基準として、専門性を活かした貢献を求めることにしました。具体的には「専門性を活かした問題解決」や「ナレッジマネジメントへの貢献」などを評価します。また、報酬制度についてSP1はライン管理職のM1相当の報酬水準とし、SP2は原則M2相当としています。ただし、社外から特定の高度専門職を採用する際は、制度の年収上限にこだわらずオファーすることができる運用としました。また、マネジメントコースでは、これまでよりも役付手当を増額しました。専門職を設置する中で、ライン管理職を担う社員のモチベーションに配慮するためです。

[5] 導入の効果・今後の課題

スペシャリストコースを社内の正式なキャリアルートとして位置づけたため、プレイヤーとして前向きに働き続けることを選ぶエンジニアが増えました。上位専門職等級であるSP2は、昇格運用を厳格に実施することが難しいため、導入初年度は該当者0名からスタートしました。今後の運用の中で審査方法を明確にして、専門職認定委員会の中で適切な人材を選考していく方針です。また、複線型のコース設置が総合職からの安易な昇格につながらないよう、一般社員層から管理職層への昇格審査については今まで以上に厳格に運用することとしています。

ケースB：一般職を廃止し、エリア総合職を新設する

　ケースBは、コース再編で一般職を廃止し総合職に統合した上で、エリア総合職を新設したケースです。

[1]導入の背景・目的

　B社は全国の主要な都市圏に拠点を置く600名規模の金融業です。管理職層200名・総合職300名に対し、一般職が約100名在籍していました。近年の業務の自動化・機械化の流れで定型事務が減少していることもあり、ここ2〜3年は一般職の新卒採用を止めていました。その間に、一般職の一部はコース転換制度で総合職に転換しているのですが、「将来は内勤総合職と一般職業務の区別がなくなる」という見込みの下、一般職コースを廃止する方針を決定しました。総合職については深刻な採用難が見込まれていたため、一般職が職域を拡大することによって交渉・調整業務を担う労働力の不足を補完する狙いもありました。

　ただしB社の一般職は、もともと異動がない前提で入社した社員です。実際に一般職のニーズを確認すると、「難しい仕事には挑戦したいが家庭の事情で転勤は難しい」という社員が多く、「総合職と同じ仕事をする自信がなく転勤もできない」という人もいました。そのため一般職の廃止を実現する上で「エリア総合職」のコース設置が必要でした。

[2]等級制度の改定内容・移行方法

　一般社員層の旧制度は職能資格制度で、総合職3階層、一般職3階層でした。コース統合に当たり、旧一般職3級から移行する枠組みとして、総合職3級の下に総合職4級を設置しました［図表6-2］。そして、総合職の4階層と並列する形でエリア総合職1〜4級を新たに設置しました。

[図表6-2]　一般職を廃止し、エリア総合職を新設するケース

改定の期待効果	■定型事務が減少し、将来的には一般職が担う業務がなくなるため、一般職の職域を拡大したい ■家庭事情に合わせた働き方を旧総合職も含め選択可能としたい
制度・運用のポイント	■総合職とエリア総合職は転居転勤の有無の違いのみで、求める能力要件の水準は同一とする ■総合職とエリア総合職の標準賞与額に一定程度の水準差を設定

また、これまで総合職で入社した社員は転居転勤を含むジョブローテーションの対象であり、家庭の事情に合わせた勤務地の選択ができませんでした。個別事情には運用で配慮していたのですが、子育て世代の総合職の退職なども増えていたため、新制度では、旧一般職だけでなく旧総合職もエリア総合職を選択できるルールとしました。

[3]運用の改定内容

新総合職とエリア総合職は転居転勤の有無の違いがあるだけで、等級定義で求める能力要件とその水準は全く変わりません。旧一般職は、事務遂行能力で昇格を審査していましたが、今後は総合職としての能力を

審査するため昇格判定が厳しくなります。職場において交渉業務や判断業務に挑戦する社員のほうが昇格に有利になる点は、社員にも趣旨を説明し理解が得られました。ただし、コース再編をしても定型事務がなくなるわけではないので、事務量が多い部署は派遣社員の増員や外部委託を活用するなど経営としてサポートする必要がありました。エリア総合職へのコース転換は、各社員の環境変化に柔軟に対応できるよう、1年に1回申請を受け付け、選択できる方式にしました。

[4]人事評価制度・報酬制度の工夫

　人事評価は職能資格基準に基づき、新総合職・エリア総合職とも原則として旧総合職の基準に統一しました。ただし、移行段階で不利が生じないように、3級・4級の社員については担当する事務を完遂していれば標準の評価となるように期待水準を調整しました。

　また、新制度では、転勤を可能とする新総合職とエリア総合職の標準賞与額に一定程度の水準差を設けることとしました。これは報酬格差をつけて人件費を抑制することが目的ではなく、異動を許容する社員の公平性に配慮するためです。そのため、制度移行時に新総合職を選択した人材がエリア総合職を選択すれば、同一等級同一評価の場合の賞与は減額となりますが、再び総合職に戻ると水準も元に戻るという運用です。

[5]導入の効果・今後の課題

　「総合職と同じ仕事をする自信がない」と言っていた一部の一般職は不安を抱える形でのコース転換になりましたが、導入前後に人事部が、少人数単位の説明会で丁寧な説明とフォローをしたため、全員の同意を得て移行することができました。今後は、各職場で業務フローの見直しを行いつつ、定型事務を短期間で縮小することが重要な課題です。また、共働き・介護等の事情で勤務地限定の希望がある管理職層も増えている状況もあり、「エリア管理職」のコースも近々設置予定です。

ケースＣ：役割等級制度で職種別人事制度を導入する

ケースＣは、役割等級制度において職種別の人事制度を設計した事例です。

[1]導入の背景・目的

C社は従業員1400名規模の製造業です。一般社員層の人事制度は、もともと総合職コースと事務・技能職コースに分かれていましたが、次期中期経営計画で目指す業容拡大に当たって、職種別のキャリアを明確にし、営業・マーケティング・開発などそれぞれの分野の専門家を確保・育成するという方針を打ち出しました。これまでは新卒入社の総合職を中心に、職種を横断したジョブローテーションを実施していましたが、実質は仕事が専門分化しているため効果的な運用ができていませんでした。また、社外からキャリア採用を行う上で、一部の職種では世間水準と乖離した賃金水準になっていました。そこで「就社」でなく「就職」に人材マネジメントの方針を転換し、「全員がプロフェッショナル」という人材活用ポリシーの下、職種別人事制度を採用することにしました。

[2]等級制度の改定内容・移行方法

旧制度は役割等級制度で、総合職４階層、事務・技能職３階層、管理職３階層、専門職１階層の仕組みでした。今回の制度改定においては、職種別の役割要件定義を作成し、企画管理／営業／マーケティング／開発／設備技術／製造（上位等級は製造管理）／事務の７系統で整理しました［図表6-3］。新卒社員が入るエントリーグレードは共通としつつ、それぞれの職種系統で課長クラスまでの階層を設置しました。部長クラス以上は、会社・組織の判断で配置・登用が必要なケースもあるので、職種共通のグレードとしました。

［図表6-3］役割等級制度で職種別人事制度を導入するケース

改定の期待効果	■ 職種別のキャリアを明確にし、それぞれの分野で専門人材の確保・育成を効果的に実施したい ■ プレーヤーのジョブローテーションを原則廃止し、「全員がプロフェッショナル」というポリシーを浸透させたい
制度・運用のポイント	■ 職種別の等級定義を作成し、それに基づき人事評価を実施 ■ 同一職種内で専門性を磨くキャリアを主とし、職種またぎの異動は一部の人材のみ実施

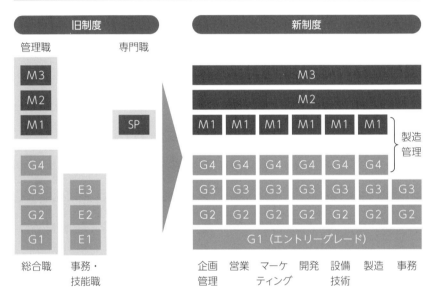

等級定義には一定の共通性を持たせながら、各職種で求める人材要件を社内の事業部門と人事部門で議論の上で設定しました。例えば、営業であれば業績責任、開発であれば商品化への貢献などを具体的に示す形です。ほとんどの社員は現在の業務が含まれる職種系統へ移行しましたが、一部、職種横断的な業務に従事する社員については、個別に職場上司・本人の意向を確認した上で職種系統を決定しました。

[3]運用の改定内容

新制度の昇格・降格は、職種別の期待要件に照らして運用することに

なりました。ゼネラリスト育成のためのジョブローテーションは、「総合職全員でなく一部の人材に限定して実施すればよい」と位置づけを見直したため、多くの社員は同一の職種系統の中で専門性を磨きながら管理職を目指すことになります。個人のキャリア希望や業務上の必要性に応じて少数の社員は系統転換をしますが、後述のように一部の職種系統では基本給に水準差を設けているため、系統転換の際には当該社員の報酬が下がらないよう配慮しながら異動させることになります。また、将来の経営幹部候補者は複数職場での経験が必要という考え方に基づき、部長層を中心にサクセッションプラン（幹部人材の後継者育成計画）の中で異動を経験する仕組みを導入しました。

[4]人事評価制度・報酬制度の工夫

　人事評価制度は、職種別の役割要件をそのまま評価基準として活用しました。また、職種別の等級制度を設けたため、一部の職種系統ではキャリア採用や既存社員の定着を考慮し、基本給をベースアップしました。ただし、職種系統による基本給格差の拡大については合理的な説明が難しいこともあり、当面は大きな水準格差にならない設計としました。また、各事業のスペシャリストを市場価値に応じて採用する必要がある場合は、個別に報酬を設定する契約社員として採用できる枠組みも設けました。

[5]導入の効果・今後の課題

　実際にはほとんどの社員が同じ業務のまま移行したため、導入時には大きな混乱は見られず、むしろ職種横断の異動を原則廃止したことで、多くの社員が安心感を得ることができました。事業部門の社員と人事部門が協力して各職種に求める人材要件を明確化できたことはC社にとって有意義でした。今後は、等級の上限が異なる職種（製造職・事務職はG3まで）について、類似する別の職種系統への転換を促進する施策の

検討が必要です。また、今回はプレーヤーをメインに役割等級制度としての改定を実施しましたが、将来的には管理職に対して職務等級制度の導入も検討します。

ケースD：定年延長に当たり
　　　　60歳以降の等級制度を新設する

　ケースDは、65歳への定年延長とともに60歳以降の社員に適用する等級制度を新たに設置した例です。

[1]導入の背景・目的

　D社は300名規模のサービス業で、60歳の定年を迎えた嘱託再雇用社員が約30名就労しています。同社では、今後の人員構成の動向と人材確保難を見据え、65歳への定年延長を実施することになりました。これまでの再雇用社員は、定年前に比べて限定的な職務に従事している社員がほとんどでしたが、将来60代の社員が全体の2割程度に増えることが予想されるため、定年延長に伴い「60歳以降も、やる気と能力のある人材にはそれまでと同様に付加価値の高い仕事に従事してもらう」という方針を打ち出しました。

　そのためD社では、定年延長後も60歳時点で仕事のアサインを見直し、それに合わせた人事制度を設計することになりました。通常「定年延長」といえば、60歳までの人事制度を60歳以降もそのまま引き継ぐケースが多いですが、同社では「業務遂行能力や本人の就業意欲に個人差が大きい」という問題意識から、60歳以降の人事制度を別に設ける仕組みを選択しました。

[2]等級制度の改定内容・移行方法

　60歳までの人事制度は職能資格制度で、総合職4階層、管理職3階層の仕組みです。本改定では、60歳以上の社員を格付ける役割等級のコースを増設し、4階層（総合職2階層・管理職2階層）の「シニアグレード」を設置しました［図表6-4］。60歳到達時点の役割に応じて、それぞれの人材をSG4〜SG1に再格付けする仕組みですが、定年時の一般社員は3・4等級に在籍しており、定年到達と同時にSG1またはSG2に移行します。管理職は、役職を継続する社員はSG3〜SG4に、60歳時点でポストオフする社員はSG2に移行することになります。

［図表6-4］定年延長に当たり60歳以降の等級制度を新設するケース

改定の期待効果	■定年延長に伴い、やる気と能力のある人材は年齢にかかわらず付加価値の高い仕事に従事してもらいたい ■60歳以上社員に対しては、役割や貢献度に応じた処遇を行いたい
制度・運用のポイント	■60歳以上は役割基準のため原則昇格なし。ただし、貢献度の高い社員には昇給や賞与で報いる仕組み ■シニアグレードの社員が担う職域の開発やキャリア教育など、周辺施策も併せて実施

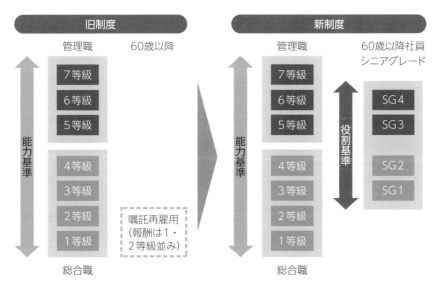

[3] 運用の改定内容

　シニアグレードは役割等級であり、60歳以降の能力習熟による昇格は原則として実施しません。ただし、60歳から65歳の期間内に従事する業務が大きく変更になる人材がいれば個別に格付けを調整する、というルールを設けました。また、職場の都合で軽易な業務（＝低いグレード）にしか従事できない人材が多いとなれば不公平につながる懸念があるため、各職種で職域開発の委員会を設け、シニアグレードの社員が従事できる職務を全社でリストアップしました。

　なお、シニアグレードはそれまでと同一職場での業務継続だけでなく、役職のポストオフや60歳到達時点での異動も想定しています。社員自身で「会社のために何が貢献できるか」を考えることも重要であり、そのためのキャリア教育も50代前半から実施することになりました。

[4] 人事評価制度・報酬制度の工夫

　60歳以降の社員は、シニアグレード別の役割要件に基づく人事評価を実施します。上述のとおり、原則として昇格がない仕組みですが、評価結果をグレード内の昇給・賞与に反映します。評価基準においては「これまでに培った知見・技能を周囲に伝達すること」「年下の上司や周囲と円滑な人間関係を築くこと」などの視点を重視しました。

　報酬制度に関しては、グレード別のレンジレートの基本給としました。コースの移行に伴い60歳までと比較して賃金水準が低くなる層が出てきますが、従来の再雇用制度よりは賃金が必ず上回る水準になっています。また、再雇用制度では昇給がありませんでしたが、新制度ではグレード内の昇給を設けました。ただし、これはシニアグレード在籍者全員が毎年昇給する定期昇給の位置づけではなく、標準評価よりも高い評価ランクでなければ基本給が上昇しない仕組みです。

[5]導入の効果・今後の課題

　D社では、上記の枠組みで定年延長が実施され、60歳以上の社員が担う職務も一定の見直しがなされました。また、意欲面の個人差はありますが、人事評価や昇給・賞与などの運用を通じて、就労意欲を維持しています。人事部門の課題としては、自社内で二つの制度を運用することが煩雑で難しいという点です。年齢を根拠に60歳で格付けを見直す運用も本来的ではないと考えており、将来は60歳までの人事制度も役割等級に変更して、担う業務の重要度や難易度に応じた連続性のある処遇体系にしていきたいと構想しています。

ケースE：処遇適正化のため
管理職層に職務等級を導入する

　ケースEは、一般社員は職能資格制度を維持しつつ、管理職層に職務等級制度を導入した事例です。

[1]導入の背景・目的

　E社は1500名規模のIT関連企業で、管理職が約300名在籍しています。所属する企業グループのシステム開発を受託している関係で業況は比較的安定しており、職能資格制度を数十年にわたり運用・維持してきました。業界の中では「成果主義のギスギスした雰囲気がなく家族的な風土であること」が長所であると自認していたのですが、世間・競合の動きの中で、年功的な横並びの人事運用から生じる弊害が目立ってきました。具体的には「成果を出さない管理職の給与が高く、ハイパフォーマーや若手・中堅社員から見て不公平感がある」「先端業務に関するスキルのある有能なマネージャーを社外から採用できない」「人事制度の中で期待値が明示されていない」という点が課題となっていました。

そこで、管理職層について、処遇の適正化と職責の明確化のために職務等級制度を導入することにしました。成長事業の管理職からは、外部労働市場や職務価値に即した処遇を行うことを強く希望する意見が出る一方で、成熟事業や管理部門の管理職を中心に「従来の仕組みから急激に移行するのは困難ではないか」と懸念する声もありました。そのため、十分な検討期間をとって、社内で合意形成を図りながら導入を進めました。

[2]等級制度の改定内容・移行方法

　旧制度の職能資格等級は、総合職4階層・管理職4階層・専門職2階層でした。新制度では総合職の4階層は維持しながら、管理職・専門職を再編して7グレードの職務等級を導入しました［図表6-5］。各ポジションの職務等級の決定においては、事業部門を交えてポジション別のジョブディスクリプションを作成し、所属長と人事部門が協働して職務評価を実施しました。職務評価に当たっては、IT業界の特性を踏まえ、ポジションに必要な技術専門性やその希少性をうまく反映できるように枠組みを設計しています。また、評価判断の客観性を担保するため、経営トップも含めた「職務評価委員会」を組成して格付けを最終決定する運用としました。

[3]運用の改定内容

　これまでの制度では、資格等級内で4〜5年が経過すれば昇格候補になる仕組みでした。また、懲罰などを除き降格の運用はほぼありませんでした。一方、新しい職務等級制度では、ポジションの変更に伴いグレードが下がることがあります。当面はポジション運用の適正化を目的として、変更時に給与が下がらないように補塡をする時限ルールを設けました。また、新規事業や退職者補充など人材が必要となる一部のポジションではジョブポスティング（社内公募制度）を導入しました。業務都合

[図表6-5] 処遇適正化のため管理職層に職務等級を導入するケース

改定の期待効果	■ 有能な人材のモチベーションを向上させたい ■ 専門性の高い人材の採用競争力を高めたい ■ 処遇の適正化と職責の明確化を図りたい
制度・運用の ポイント	■ 事業部門を交えてジョブディスクリプションを作成 ■ 職務評価の客観性を担保するため経営トップも含めた職務評価委員 　会を組成 ■ グレードごとの範囲給を設定（一定水準までは昇給あり）

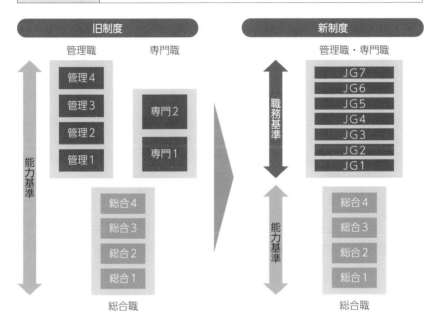

により会社主導で異動発令せざるを得ない場面もあるため、すべてのポジションの公募運用は難しい状況ですが、これから徐々に増やしていく予定です。

[4]人事評価制度・報酬制度の工夫

　人事評価制度は、ジョブディスクリプションで定められたKPIをベースに目標管理を実施する仕組みにしました。また、報酬制度は職務等級に応じた職務給が設計されています。職務給は等級に対して定額のシン

第6章　等級制度改定にはどのようなケースがあるか

203

グルレートとせず、グレード間で階差型となる範囲給を導入しています。そのため、同一のポジションに従事する社員は、一定水準までは評価昇給がある仕組みになりました。賞与は目標の達成度により、旧制度よりもメリハリのある支給になるように設計されています。

[5]導入の効果・今後の課題

今回の改定は旧制度からの変化が大きいため、一部の管理職からは不安の声も上がりましたが、理解を得るため数回の説明会と対話を実施の上導入することができました。一方で、報酬のメリハリが大きくなる仕組みのため、これから管理職を目指す総合職からはおおむね好評です。制度導入時は人事部門の主導で検討しましたが、今後は事業部門によるポジションの設計・ジョブディスクリプションの運用ができるように体制を整える予定です。先端業務の技術者や重要ポジションのマネージャーの外部採用にも取り組んでいく予定です。

ケースＦ：企業統合後の旧２社間で等級制度を統一する

ケースＦは、企業統合後に旧２社間で異なる等級制度を統一した事例です。

[1]導入の背景・目的

Ｆ社は、800名規模の医薬品業界の企業です。グループ内の企業再編で医薬品を取り扱うα社（約500名）とヘルスケア商品のβ社（約300名）が２年前に統合してできた組織です。企業統合を実施した際には人事制度の統合に着手できなかったため、旧２社の仕組み・運用が社内で併存しています。新会社でも、旧２社の各事業領域で事業本部が区分されているため大きな支障はなかったのですが、このままではいずれ「旧２社

間の人材のローテーションができない」「同じ職責に対して旧2社間で処遇水準の違いがあることに不満が顕在化する」などの問題が生じる懸念がありました。そこで、企業統合効果の最大化に向けた社内全体の取り組みの一環として、人事制度を統一することにしました。再編に当たっては、単純に旧2社のどちらかに合わせて、形式的に制度統合をすることにとどめず、新しいF社としての人材マネジメントの考え方を反映した人事制度を設計しました。

[2]等級制度の改定内容・移行方法

旧α社では長らく職能資格制度を運用していましたが、旧β社は約10年前に人事制度を改定し、役割等級制度を導入していました。本改定では、新会社のMVV（ミッション・ビジョン・バリュー）に則した行動ができる人材を厚遇することを企図して、役割等級制度として統合することとなり、一般社員層4階層＋管理職層3階層で等級を設置しました〔図表6-6〕。

役割階層別の期待人材像は、人事部に加え旧2社出身者が参加する組織横断ワークショップでの議論を踏まえて決定しました。制度移行の際は、各人が担う役割に応じて新しい等級に移行するのが本来ですが、旧α社の社員は現行の賃金水準を加味しながら対応する等級に格付けしました。それでも現行賃金が移行先等級で設定された範囲給のレンジを超えてしまう場合は、個別に調整給を支給して制度改定による不利益変更が生じないように対応しました。

[3]運用の改定内容

新制度では、役割遂行ベースの昇格・降格となるため、職能資格制度を採っていた旧α社の運用よりは厳格になります。そのため、一般社員については役割等級と題しながらも、能力面も加味した昇格運用をすることにしました。また、旧α社では伝統的に論文・プレゼンテーショ

[図表6-6] 企業統合後の旧2社間で等級制度を統一するケース

改定の期待効果	■ ただ制度を合わせるだけでなく、新会社としての人材マネジメントの考え方を浸透させたい ■ 旧2社間の人材交流を活発化させたい
制度・運用の ポイント	■ 移行原資はかかるものの、原則社員側にプラスになる移行方法を採用し、モチベーションに配慮 ■ 一般社員は能力面を加味した昇格運用を維持 ■ 新会社として評価基準・運用ルールを見直し

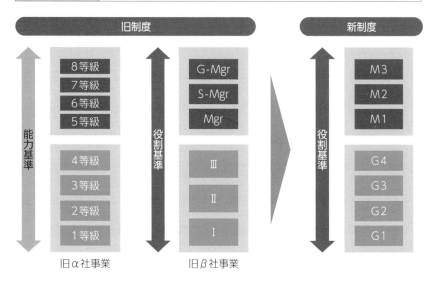

ン・ペーパーテストなどを昇格要件に課していたのですが、柔軟な昇格運用を実施するため、管理職登用時を除いて人事評価と上司推薦に基づくシンプルなルールに変更しました。

[4]人事評価制度・報酬制度の工夫

　人事評価表は、「医薬品・ヘルスケアの事業別×階層別」の単位に整備し直し、事業に対する価値貢献行動と新会社の期待人材像に即して評価をする仕組みとしました。また、旧α社は7段階評価、旧β社は6段階評価と、評価ランクの運用に細かな違いがあったため、中央の評価ラ

206

ンクがあり運用がしやすい7段階に統一しました。また旧β社では、上司による評価フィードバック面談が形骸化していたため、改めて面談のルールを整備するなどして、評価者のトレーニングを実施しました。報酬制度については、旧β社の管理職基本給は等級別単一額のシングルレートでしたが、統合に当たっては旧α社の職能給から移行がしやすいレンジレート（範囲給）の仕組みとしました。

[5]導入の効果・今後の課題

今回の改定では、社員に人件費削減目的の制度改定であると誤解されることを避けるため、社員にとってマイナスとなる変化を最低限に抑えるよう工夫しました。結果的に、移行時に報酬が増える社員が多かったため、統合は順調に進みました。一方で、管理職のポジション数は統合により減っており、今後、役割等級を厳格に運用していくと、これまでのように昇給・昇格ができない社員や降格する社員が発生することになります。そのため「貢献度に対して報いる」というメッセージをしっかりと発信し続け、人事制度以外のキャリア支援施策でも社員を動機づけることが重要な課題です。

ケースG：グループ企業で共通のグレードを設計する

ケースGは、グループ企業間の人材交流のために、グループで共通の人事制度を整備した事例です。

[1]導入の背景・目的

Gグループは、連結2000名規模の小売業の企業グループです。事業持ち株会社のG社（約800名）とその傘下の商品企画・物流管理・地域販売などの連結子会社で構成され、それぞれの企業に固有の人事制度が

あります。これまで個社別の人事運用を行う中で大きな問題が表出していたわけではありませんが、ホールディングス経営において、グループで一貫性のある人材マネジメントを目指すという経営の方針を掲げることになりました。

その中心となる施策として、「Gグループとしての経営理念の浸透を図る」「出向・転籍などのグループ間の人材交流を円滑に実施する」という目的で、これまで別々に運用していた国内5社の人事制度を改定することになりました。G社の人事部門が主導して進めていたところ、一部の事業会社から「画一的な改定をしてしまうと自社のビジネスに人事制度がマッチしなくなる」という懸念の声が上がり、検討の結果、「グループで共通のプラットフォームを持ちながら、事業特性を踏まえて必要な機能は差異を維持する」という方針で導入することにしました。

[2]等級制度の改定内容・移行方法

旧制度の等級体系は企業によって6〜9階層と異なっていましたが、新制度ではすべての企業について一般社員層4グレード、管理職層4グレードの8階層の役割等級制度に統一しました [図表6-7]。一方、事業・地域によって相場水準が異なるため、各グレードの報酬はそれぞれの企業で、従来の水準の範囲で設定しました。

管理職等級の各グレードに対応する役職への任用ルールはグループで統一しました。例えば、部長であれば原則としてM3に格付けられます。ただし子会社の一部の部長ポジションは、責任範囲・マネジメントの人数規模を考慮してM2に格付けするなど個別に調整しました。G社のマネージャークラスの人材が、子会社に出向して部長を担うケースを想定したためです。

[図表6-7] グループ企業で共通のグレードを設計するケース

改定の期待効果	■ホールディングス経営において、グループで一貫性のある人材マネジメントを実現したい ■グループとしての経営理念を浸透させ、グループ企業間の人材交流を活発化させたい
制度・運用のポイント	■グレード数は全社共通としつつ、グレードの賃金は事業・地域差を考慮して各社で設定 ■出向・転籍手続き、福利厚生などもグループで統一

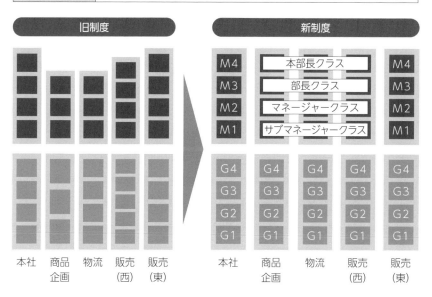

[3]運用の改定内容

　Gグループ各社はもともと役割等級制度を採っており、役割遂行度に応じて昇格・降格するルールが既に共通で導入されていました。一方で、昇格に必要な評価要件（必要な年数・評価ランクなど）に企業間で違いがあったため、等級数が見直しとなる企業を中心に必要な範囲で調整しました。また、グループ間異動の窓口機能をG社に集約し、出向・転籍の手続きや自己申告制度・公募制度のルールをグループで共通化しました。さらに、人材交流を活発化するに当たり「グループ内の人材情報について"見える化"ができていない」という課題があったため、制

度改定に先行してタレントマネジメントシステムを導入して、グループ共通の人材管理を実施することになりました。

[4]人事評価制度・報酬制度の工夫

　等級定義については、G社のもともとの階層別役割基準を下地としながら、グループで共通する期待人材像を策定し直しました。また、等級体系を企業間で共通化した一方で、各事業の特性を反映するため、人事評価基準は各社別・各職種別に検討しました。

　既述のとおり、グレード別の報酬水準は5社で異なりますが、賞与の支給ルールについては共通の仕組みで管理をします。また、人材育成制度については、一体感の醸成と人脈の形成を目的に、階層別研修をグループ合同で実施することになりました。その他、表彰制度や福利厚生制度なども併せて統一しました。

[5]導入の効果・今後の課題

　新制度の導入においては、それぞれの企業内で人事制度改定のタスクフォースを組成し、折に触れてG社から各社の経営層へ説明しながら進めたので、順調に移行が完了しました。今後は、子会社からG社への「逆出向」も含め、グループ間の人材交流を確実に増やしていくことが当面の目標です。

　また将来的には、今回の改定で対象外とした海外の連結子会社についても制度の共通化を視野に入れており、職務等級制度の導入をはじめジョブ型人材マネジメントへの移行を検討する予定です。

第 **7** 章

これからの人事制度に求められる観点とは

1 今後の人材マネジメントの変化

　ここまで知識編（第1〜2章）、設計編（第3〜6章）で等級制度の
類型や改定方法を解説しました。第7章では、今後の人材マネジメント
の変化傾向を概観して、その上で、「これからの人事制度に求められる
観点」について考察していきます。

　2020年以降の新型コロナウイルスの感染拡大で、企業を取り巻く事
業環境や社員の働き方は様変わりしました。その際、企業ではテレワー
ク・Web会議の導入などをはじめ、急速に柔軟な働き方を整備する必要
が生じました。ただ、それらは表層的・部分的な現象に過ぎません。労
働力確保・多様性・持続可能性などへの対応が社会的に重視される中、
企業の人材マネジメントにはどのような変化が起こっているのでしょう
か。以下、七つの観点について説明します［**図表7-1**］。

[図表7-1] 今後の人材マネジメントの変化

1　内的に最適化された組織	外向きでオープンな組織
2　集団の管理を重視した雇用	個人との関係を重視した雇用
3　多様性の推進	多様性を活かした企業活動
4　やるべきことの提示	やりたいことへの承認と支援
5　一律的・固定的な働き方	時間や場所に縛られない働き方
6　金銭報酬による動機づけ	仕事や環境も含めた総合的な動機づけ
7　職業生活に対する支援	社員のウェルビーイング実現の支援

[1]「内的に最適化された組織」から「外向きでオープンな組織」へ

　人材の流動化や副業・兼業が進めば、企業内でのキャリア形成のみを前提とした組織はいずれ人材マネジメントが困難になります。内向きのカルチャーの組織では、出世や上司評価が重視される傾向がありますが、外部に開かれた組織をつくる上では「仕事のやりがい」や「社外も含めた周囲からの評価」にも価値を置くことが必要になります。また、フリーランスの活用、ビジネスパートナー企業やOB・OG人材との協業も含めて考えると、自社組織と社外のコミュニケーションの壁が低いシームレスな組織づくりをすることが求められます。

[2]「集団の管理を重視した雇用」から「個人との関係を重視した雇用」へ

　雇用における企業と社員の関係については、集団管理の合理性を重視した画一的なマネジメントの時代から、社員個々人との関係構築や意思の尊重が重視される世の中になってきています。「社員のキャリア形成やスキルアップを支援する」という人事部門の役割はこれまでと同様ですが、社員のニーズやキャリア志向に沿ったきめ細かいサポートがさらに必要になります。また、雇用される側の社員にも「自分で自身のキャリアを考える」という姿勢が求められます。

[3]「多様性の推進」から「多様性を活かした企業活動」へ

　企業の多様性推進の共通キーワードとして「ダイバーシティ」が謳われて久しいですが、近年では「ダイバーシティ＆インクルージョン（D＆I）」という言葉がしばしば聞かれるようになっています。人材採用において年齢や性別、国籍等にとらわれず多様性を確保した上で、個々の特性を受容し、その多様性を活かして経営の成果に結び付けることが重要になります。

第7章　これからの人事制度に求められる観点とは

[4]「やるべきことの提示」から「やりたいことへの承認と支援」へ

　人的資本開示の流れの中で、社員のエンゲージメントを重視する企業が増えつつあります。本書でも折に触れて記載したとおり、社員のエンゲージメントを高めるためには、会社主導で社員にキャリアやジョブアサインを提示する発想から脱却し、社員自身の希望にも目を向けていくべきでしょう。その上で、企業には「社員の自己実現をサポートする姿勢」が重要になります。また、組織内でそれが実現できない場合は、異動・退職という選択だけでなく、組織に在籍した上での社外経験（留学・出向・副業や学び直しなど）も積極的に推奨することになります。

[5]「一律的・固定的な働き方」から「時間や場所に縛られない働き方」へ

　一部の業界・企業では「毎日オフィスに出社して全員が同じ場所・時間で就労する働き方」から既に脱却しています。新型コロナウイルスの感染防止策が導入のきっかけだった企業も、有能な人材を確保する目的でフルリモートでの就労を継続しているケースも多く見られます。現業を抱える製造業や店舗ビジネスを展開する業界では、今後も本格的な導入は難しいかもしれませんが、業種や職種によっては社員の働き方の裁量を大きくすることが、採用競争力を高めるために重要な要素になります。また、各地域の人材を活用する上で遠隔地勤務を許容する制度の導入も有効です。対面で一度も会ったことがない人物を自組織に採用し、自宅のPC環境のみでチームの業務遂行に加わってもらうことも現実化していくでしょう。

[6]「金銭報酬による動機づけ」から 「仕事や環境も含めた総合的な動機づけ」へ

　社員の就労観は多様化しており、企業は仕事に見合う報酬を支払うだけでなく、「好きな仕事に没頭したい」「魅力のない仕事から解放されたい」という人材の期待にも応える必要があります。また、若年層を中心

に「プライベートの充実があって初めて仕事を頑張れる」と考える人材も増える傾向にあります。面白い仕事経験で働きがいを与えることや、就労環境の工夫で働きやすさを提供することが一層重要になります。したがって、「給与が高いだけで、就労環境は劣悪で古い体質のまま」という人材マネジメントはいずれ通用しなくなります。

[7]「職業生活に対する支援」から「社員のウェルビーイング実現の支援」へ

　企業経営において、ウェルビーイング（社員の「幸福」や「心身の健康」）というキーワードが耳目を集めるようになりました。「ただ職業生活の面倒を見ればよい」というだけでなく、社員の健康管理や幸福感の維持・向上も人事部門がサポートすべき対象に入りつつあります。特に心身の健康管理は社員が持続的に活躍する上で必須です。

　また、人生の充実が、仕事のクリエイティビティに還元されることもあります。具体的な人事施策としては、健康支援のために福利厚生の充実などに取り組む企業が多い現状ですが、将来は、社員の幸福度を測定しながら、職場づくりやコミュニケーションでそれを高める工夫をするなど、幸福感に着目したユニークな取り組みを検討する企業が増えるかもしれません。

　上記の観点以外にも、社会や技術、自然環境の変化に伴い、経営の優先事項が変わっていくため、企業の人材マネジメントが少しずつ変容していくものと推察します。ただ、外部環境が変わっても企業の内にいる個々人の意識や考え方がそれに追随できるとは限らず、企業によって組織内部の変化スピードは驚くほど違いがあります。

　変化のスピードが遅いこと自体が悪いというわけではありません。前述のように現業部門を抱える組織などでは、対策が難しい内容もあります。そのため、必ずしも、上記のすべての観点から新しいトレンドを取り入れなければならない、というわけではありません。

ただし、これから入社してくる社員の企業への見方は確実に変わって
くるので、変化のスピードが遅い企業は人材獲得競争で後れを取ること
になるだろうという点には注意が必要です。上記に掲げたものは「有能
な人材に選ばれる企業」を目指す上で避けては通れない観点ですので、
事業環境・組織環境の制約を踏まえながらも、できることから改善する
姿勢が必要です。

2　おわりに

　それでは、前節で説明した人材マネジメントの変化傾向に対して、企
業はどのような人事制度（等級制度）を採用するのが適切でしょうか。
もちろん、唯一の正解はありませんが、本書の結びとして考えてみたい
と思います。

[1]未来型の等級制度は存在するか？

　まず、ハードとしての等級制度に、これ以上の新しいパラダイム転換
があるかは疑問です。というのも、組織や職場が変わっても「社員を格
付けする」という等級制度に求められる機能そのものに大きな変化はな
いからです。したがって、企業の人材マネジメントの環境が大きく変化
する状況下においても、本書で紹介した職能資格制度・役割等級制度・
職務等級制度（あるいはポリシーミックスの等級制度）のいずれかを土
台に最適な人事制度・運用を確立することが、人事部門にとっての基本
的な対応であり続けると考えます。

　職務等級制度に次ぐ未来型の等級制度のようなものがいつか現れるか
もしれませんが、「自社組織と社外がシームレスになる」「全体管理から
個の管理へ移行する」「個人と会社の関係が対等になる」といった観点
からは、むしろ等級制度を細かくつくり込むこと自体が時代に調和しな

くなる可能性もあり得ます。等級制度の類型にかかわらず、第1章で述べた人事観「組織貢献主義」のように、組織のパーパス（企業としての存在意義）や経営方針に対して貢献ができる人材を、柔軟に評価・厚遇していくことが重要になります。

[2] メンバーシップ型雇用のままではダメなのか？

　ナレッジワーカーを中心に今後は「会社重視」から「仕事重視」の働き方が主流になっていきます。さらに、人材の流動化は加速しており、伝統的な職能資格制度の運用はなじまなくなる懸念があります。経済成長の鈍化・グローバル化・業務のデジタル化などの中長期的変化を考えると、従来型のメンバーシップ型雇用がうまく機能しなくなることも想定されるため、ジョブ型人材マネジメントへ移行することに光明を見いだす企業も増えるでしょう。もちろん本書で詳述した職務等級制度の導入もその中心策の一つです。

　一方で、メンバーシップ型雇用には短所しかないのかと問われれば、「職業教育を受けていない新卒採用者の戦力化」や「組織の一体感の醸成」などの利点（強み）もあるため、業界や職種によってはこれからも活用され続ける余地はあるでしょう。また、これからジョブ型人材マネジメントを志向する企業も、実際には急激な制度移行が難しい場合もあるため、外部環境・組織環境に即した自社流の導入方法を模索すべきと考えます。

　したがって、メンバーシップ型とジョブ型を両極に置いたときに、「自社の人材マネジメントをどこに位置づけるか」の見当をつけ、そのビジョンや着地点について企業内で認識共有することが重要になります。さらに言えば、「メンバーシップ型」や「ジョブ型」という名称に振り回されず、社員や組織の実情に応じて最適な施策や人事制度を整備していく姿勢が求められます。

[3]変化適応に対して、人事制度改定はどこまで有効なのか？

　人事制度（等級制度）やその運用だけを変えても、組織が変わるとは限りません。本書で「人事制度は組織や人材のあらゆる問題に万能というわけではない」と説明しましたが、昨今は人的資本経営の視点なども重要視されてきており、人事制度改定のみで自社の人材マネジメント改革を成功に導ける時代ではなくなっています。既に述べてきたとおり、これからの人事制度改定においては、経営戦略や人事戦略の実現に向けた実効性の高い施策（キャリア形成支援・ワークスタイル改革など）を併せて検討することが一段と重要になります。

　一方で、「組織を変える」上で自社の人事制度を知ることや、課題を把握し、適宜見直すことは不可欠な要素の一つです。「組織が変わる」というのは一種の比喩表現であって、実態は、そのコミュニティーにおける「人材が変わること」や「人材のコミュニケーションや行動が変わること」の集合体としての概念です。そして、社員の行動を変えるためには、企業として人材への期待を示し、行動を動機づけるインセンティブを提示する必要があります。そのため、経営課題や企業を取り巻く環境が変化すれば、新しい人材マネジメントの考え方を示し直し、それを人事制度に反映することが重要です。その考え方が社員にメッセージとして伝わることで、人材のコミュニケーションや行動が変わり、結果として組織変革の第一歩につながることでしょう。

　上記の考察のとおり、将来の変化に適応するための人事制度について画一的で明瞭な設計方法があるわけではありませんが、本書では採用・異動配置・育成などの諸施策と組み合わせながら、従来型の人事制度・運用を自社環境に応じてチューニングする重要性を述べてきました。繰り返しになりますが、人事制度（等級制度）を変えることによってどのような課題を解決したいのか、どのような効果を得たいのか、という点を丁寧に議論した上で、自社にとってより良い改定方法を検討してくだ

さい。

　読者の皆さまが人事制度の見直しに携わる際には、本書をガイドブックとしてご活用いただけるなら望外の喜びです。

あとがき

　本書は2022年の春から秋にかけて執筆しました。

　従来、人事（特に人事制度）の世界は、技術・マーケティングなどビジネスの他の領域と比べると、時間の進み方が速いほうではありませんでしたが、2020年ごろを境に「人的資本経営」「ジョブ型雇用」「人事のデジタル化」「エンゲージメント」など、経営戦略と人事を結ぶ重要なキーワードが次々とクローズアップされている状況にあります。

　日進月歩で人事のスタンダードが進化する中、経営から期待される人事部門の役割も大きく変わろうとしており、人材マネジメントの基本的な考え方（本書でいう「人事観」）の転換を迫られている企業が多いはずです。また、人事観に加えて、制度や運用の見直しにより時代の変化にうまく対応しなければ、競争環境の中で事業運営そのものが立ち行かなくなる企業も増えていくことでしょう。

　筆者はシンクタンク・コンサルティングファームである三菱UFJリサーチ＆コンサルティング（株）（略称：MURC）で、人事コンサルティングのプロジェクト・マネジメントに従事しています。当社には多数の経験豊富な人事コンサルタントがいる中で、本書の執筆を担当することになりましたが、人事改革の専門家組織を代表し、これまでのコンサルティング活動で得られた知見を総ざらいして『等級制度の基本書』を書き上げました。

　上述のような社会背景からも「改革に対峙する人事担当者を応援したい」という気持ちで、本来は各社各様である人事制度改定の課題や検討論点について、可能な限り一般化した上で解説しました。また、人事関係者以外の方から見れば、少々内容が細かすぎる印象もあったかもしれませんが、実務で検討すべき実践的なノウハウを詳細に記述することを心掛けました。

「等級制度」というテーマ性ゆえに、制度設計の基本的な考え方など、この書籍の多くの部分については将来にわたっても大きく変化するものではないと考えます。一方で、企業を取り巻く環境は今後大きく変容することが予想されます。読者の皆さまには、時代性を考慮し、しっかりと吟味してお読みいただければ幸いです。筆者自身も引き続き各種の媒体で情報発信を続けていきたいと考えます。

　また、本書執筆に当たっては、人事制度の設計方法、各等級制度についての歴史背景、人事部門の運用実務などの基礎を踏まえた内容としましたが、お気づきのことがあればご意見をいただければ幸いです。

　末筆にはなりますが、本書の完成に当たっては、さまざまな方のご支援をいただきました。まず、一般財団法人労務行政研究所の原健氏、深澤顕子氏、桐生悠希氏には執筆の機会をいただくと同時に、書籍制作に関する豊富なご助言をいただきました。また、本書の前身書籍である『等級制度の教科書』の執筆者である堀田達也氏（MURC OB）には、筆者が路線を引き継ぐ形での解説内容の参照について快く了解いただきました。

　加えて、MURCのコンサルティング事業本部 組織人事ビジネスユニットのマネジメントメンバーにも査読に協力いただき、総合的な視点でアドバイスをいただきました。また、同僚の諏訪内翔子さんには数十点に及ぶ図表の整理をサポートいただきました。この場をお借りして、皆さまに多大なお力添えをいただいたことに深謝申し上げます。

三城 圭太

■著者プロフィール

三城 圭太（みしろ けいた）

三菱UFJリサーチ＆コンサルティング株式会社
組織人事ビジネスユニット
慶應義塾大学を卒業後、製造業人事部門を経て、2006年に三菱UFJリサーチ＆コンサルティング入社。入社後は、人材マネジメント戦略策定、ジョブ型雇用を含む人事制度改定、組織改革・人材育成支援、セミナー・研修講師、労働・人事分野の調査・書籍執筆などに幅広く従事。2013年青山学院大学大学院社会情報学研究科 博士前期課程修了〈修士（学術）〉。著書に『ジョブ型雇用入門』（共著：労務行政）、『「65歳定年延長」の戦略と実務』（共著：日本経済新聞出版）などがある。

印刷・製本／三美印刷株式会社

人材を活かす 等級制度の基本書

2023年2月13日　初版発行

著　者　三菱UFJリサーチ＆コンサルティング株式会社
　　　　三城圭太
発行所　株式会社 **労務行政**
　　　　〒141-0031　東京都品川区西五反田3-6-21
　　　　　　　　　　住友不動産西五反田ビル3階
　　　　TEL：03-3491-1231
　　　　FAX：03-3491-1299
　　　　https://www.rosei.jp/

ISBN978-4-8452-3383-0
定価はカバーに表示してあります。
本書内容の無断複写・転載を禁じます。
訂正が出ました場合、下記URLでお知らせします。
https://www.rosei.jp/store/book/teisei